现代汉语应用研究

Applied Research in Modern Chinese

韩启振 著

WUHAN UNIVERSITY PRESS
武汉大学出版社

图书在版编目(CIP)数据

现代汉语应用研究/韩启振著.—武汉：武汉大学出版社,2017.9
ISBN 978-7-307-15022-5

Ⅰ.现… Ⅱ.韩… Ⅲ.现代汉语—研究 Ⅳ.H109.4

中国版本图书馆 CIP 数据核字(2017)第 238389 号

责任编辑:詹　蜜　程牧原　　责任校对:汪欣怡　　版式设计:汪冰滢

出版发行：**武汉大学出版社**　(430072　武昌　珞珈山)
(电子邮件：cbs22@whu.edu.cn　网址：www.wdp.com.cn)
印刷:虎彩印艺股份有限公司
开本：720×1000　1/16　印张:12.25　字数:174 千字　插页:1
版次:2017 年 9 月第 1 版　2017 年 9 月第 1 次印刷
ISBN 978-7-307-15022-5　定价:32.00 元

前　言

21 世纪以来，现代汉语应用研究方面成果颇丰。不过学界的研究主要集中在对外汉语教学、汉语的计算机信息处理和国家语言政策、语言规划等领域。在这些领域，学界内部探讨热烈，圈外人则不明就里。然而，人们日常现实生活中也有很多现代汉语的应用现象。比如，一些小品的幽默之处其实是充分利用汉语的同音词、多义词创作出来的。了解了汉语的同音和多义现象，对于欣赏这些幽默段子和创作新段子都大有裨益。但是这些现象与普通人的日常生活密切相关的应用领域并没有得到学界太多关注，给一般读者介绍这些应用知识的文章还不多见。

同时，本人任教的许昌学院是地方本科高校。近年来我校积极探索办学定位，向应用型转型，以服务地方、服务社会为己任。从大学种类和功能上看，不同于以创新为己任的研究型大学，地方应用型大学的一个主要社会功能应该是服务社会、传承知识和普及常识。在这种背景下，本人也想做一点普及和推广汉语知识的工作。

此外，很多人虽然母语为现代汉语，其实并不明白现代汉语的精妙之处。经常听见有人说："汉语真奇妙!"可究竟奇妙在哪儿他们并不知道。事实上，有的人认为其他的语言也有奇妙之处，但有的确实是汉语独有的。这说明一般大众并不明白汉语的结构原理和独特之处。因此，有必要向他们普及汉语知识。从读者的角度来说，目前现代汉语应用研究的论文和著作非常专业，内容艰深，术语纷飞。一般读者只能望而生畏，如果有一本能够读得下去的书就好了。

基于这些考虑，我一直打算写一本面向一般读者的，可读性强的、接地气的应用研究著作。它应该面向日常生活，面向大众，面向应用，而非面向学术界。这本书还应该语言通俗，增加可读性，不特别注重理论性、学术性和系统性，术语使用也不必那么严谨。本书就是这种想法的成果。

本书的目的在于向广大读者介绍现代汉语使用中的常见语言现象，涉及汉语的语音、词义、语法、汉字等各个方面，让读者感受到现代汉语在各种应用场景中丰富的使用现象，逐步学会从语言科学的角度观察分析思考这些现象。本书的案例立足于小品、相声、广告与传媒等当今生活真实材料，具有时代性和新颖性。全书注重解释日常现代汉语使用现象，结合理论深入浅出地剖析其中的机理，然后指导如何应用，力图呈现汉语背后的故事。文中还配有大量图片，以求提高阅读的趣味性，语言上尽量口语化，贴近生活。本书也可作为大学现代汉语课的课外阅读材料。

限于本人水平，书中难免存在不恰当的地方，恳请各位专家、同行学者及广大读者不吝赐教。

韩启振

2017 年 8 月

目 录

第一章　现代汉语语音的应用

第一节　幼儿语音学习的正确顺序

我刚认识妻子的时候，她的侄子已经3岁了。有一天当他在电话里喊我未来的妻子时，我听见他在喊“嘟嘟”，而不是“姑姑”。一年后的某天，他打来电话说：“姑姑，我会说‘姑姑’了！”言语中带着惊喜。后来发现周边还有不少3岁前的幼儿，在学习说话的过程中都存在这种现象，还有的孩子喊“姑姑”为“布布”。最有意思的是，有个小孩的小名叫“嘟嘟”，结果她喊姑姑时都像是在喊自己。这说明汉语中有的音难发，有的音更容易发些。为什么有这种现象呢？这其实跟汉语中声母的发音部位和儿童的语音学习规律有关。

汉语音节的声母都是辅音。辅音是人类语音最小单位的两种类别之一，另外一种是元音。辅音是气流在口腔或咽头受阻碍而形成的音。比如，发b时，必须首先紧闭双唇，然后气流冲开双唇，才能发出音。闭合的双唇就对气流的呼出形成阻碍。例如b、p、m、f、d、g、k、zh、r、s等。元音则是气流振动声带，在口腔、咽头不受阻碍而形成的音，如a、o、e、i、u等。

发音时，气流受到阻碍的位置不同，或者阻碍的方式不同，就发出不同的辅音。阻碍一般由舌与口腔上部的接触或接近形成，因此舌的某一部分与接触的口腔上部的那个部分都叫作发音部位。我们来认识一下这些部位。看图1-1，口腔上部从前到后依次是上唇、上齿、上齿龈、硬腭、软腭、小舌；口腔下部从前到后依次是下唇、下齿、舌头。舌头从前到后依次是舌尖、舌叶、舌面、舌根。口腔后面是咽头，咽头上通鼻腔，下接喉头。鼻腔和口腔靠软腭和小舌隔开。

按照发音部位从前到后，普通话的声母可以分为以下 7 类：

(1) 双唇音：指上唇和下唇构成阻碍而形成的音，如 b、p、m；

(2) 唇齿音：指下唇接近上齿构成阻碍而形成的音，如 f；

(3) 舌尖前音：指舌尖抵住上齿背构成阻碍而形成的音，如 z、c、s；

(4) 舌尖中音：指舌尖抵住上齿龈构成阻碍而形成的音，如 d、t、n、l；

(5) 舌尖后音：指舌尖上翘，抵住或接近硬腭前部构成阻碍而形成的音，如 zh、ch、sh、r；

(6) 舌面音：指舌面前部抵住或接近硬腭前部构成阻碍而形成的音，如 j、q、x；

(7) 舌根音：指舌面后部抵住或接近软腭构成阻碍而形成的音，如 g、k、h。

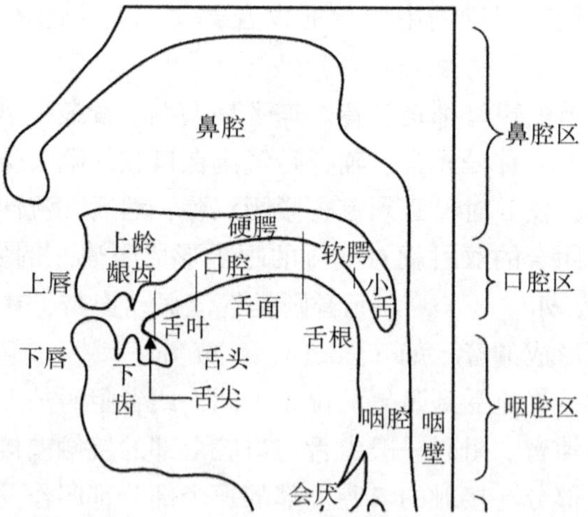

图 1-1 发音器官示意图

从这些发音部位和发音过程可以发现，下颌骨是用关节与脑颅骨连接的，是颌面部骨中唯一能活动的骨，这样嘴可以自由开合，同时嘴唇肌肉也可以灵活运动；由于人体头部的生理构造，口腔上部的上齿、上齿龈、硬腭、软腭、小舌基本上是固定的，不受我们的控制；而发音的另一重要器官——舌头则是可以控制的。但是由于舌头后下部是固定在下颌骨上的，因此舌的各个部位——舌尖、舌叶、舌面、舌根的可控制度，通俗地说，就是灵活度是不一样的。显然，处于最前面的双唇和舌尖最灵活，处于最后面的舌根最不灵活。灵活度越高，发音越容易。因此，从理论上讲，舌尖音、舌面音、舌根音的发音难度依次加大，即：

易 —— 双唇音 < 舌尖音 < 舌面音 < 舌根音 —— 难

此外，舌头部位的移动距离也影响发音难易度。拿舌尖来说，发 b、p、m 等双唇音时，舌尖基本不移动，这些音也就容易发；发 zh、ch、sh、r 等舌尖后音时，舌尖需要向后向上翘起，直到抵住或接近硬腭前部，移动的距离比发 b、p、m 时大得多，舌头移动需要的力量更大，并且需要有意识地控制舌尖，这些音当然难发得多；如果让舌尖继续后移到软腭，这个难度更大，一般人根本做不到。因此，就涉及舌尖部位的发音而言，难易度如下：

易——双唇音<舌尖前音<舌尖中音<舌尖后音<舌根音——难

同样，涉及舌根的发音，从图 1-1 可以看出，舌根与软腭的距离最近，与硬腭、齿龈的距离越来越远，直至达不到而发不出音。

这些因素影响着儿童学习辅音的难易度，由此形成了儿童习得辅音的先后顺序。辅音的学习规律是：按照发音部位，双唇音 b、p、m 及唇齿音 f 最容易学习，舌尖中音 d、t、n、l 较容易学习，舌尖前音 z、c、s，舌尖后音 zhi、chi、shi，舌根音 g、k、h 则相对难一点；按照发音方法，爆破音较先学会，擦音次之，爆破擦音和边音则最晚学会，不送气音比送气音早学会①。

---

①　参见昝飞，刘春玲．儿童语音发展的研究方法、对象及规律[J]．中国特殊教育，2000(3)：14-16，19；司玉英．普通话儿童语音习得的个案研究[J]．当代语言学，2006(1)：1-16，93；龚勤．早期儿童语音习得的若干特点探析[J]．黄石理工学院学报，2011(5)：48-52.

了解了这些知识后，现在可以回答幼儿为什么发不出“姑姑”了。“姑姑”的拼音是gūgū，声母是g，g是舌根音，而舌根是舌头四个部位中最不灵活的，其升降前后运动不好控制，也不易从外部观察。另外，幼儿的生长发育存在由近到远、从粗到细、从简单到复杂、从低级到高级的规律。某些音的发音需要对发音器官的控制能力，包括嘴、唇、舌头、声带、软腭、硬腭等，这些发音器官都是在大脑对各部分肌肉的控制下完成对某一语音的发音的，如果要正确地发出一个语音，各发音器官就必须在大脑的控制下，在适当的时间做出适当的反应，比如，如何开口（爆破地开、摩擦地开等），如何放置舌头（在口腔中的低、中、高，与软腭、硬腭、牙龈的相对位置等），如何放置双唇（分开、紧闭、半闭等）①。部分1~3岁的幼儿脑神经及语言中枢发育还不完善，对发音器官的控制能力还不强，对舌根部位不能很好控制。“嘟嘟”的声母是d，d是舌尖中音，发音时需要舌尖抵住上齿龈，舌尖比较灵活，齿龈也在口腔前上部，两个部位都靠前，所以“d”的发音器官控制相对容易。“布布”的声母是b，b是双唇音，发音是相对容易的。因此，较难发音的“姑姑”被念成容易发的“嘟嘟”“不不”。

有些方言中没有“zhi、chi、shi”的发音，凡“zhi、chi、shi”都念成“zi、ci、si”，这也很好解释。“zhi、chi、shi”是所谓的翘舌音，发音时舌尖需要向后向上卷起，直到抵住或接近硬腭前部，移动的距离大，因此很费劲。而人类在进行各种活动时都遵循一种省力原则，也可以叫经济原则或懒惰原则，发音时也不例外。在省力原则下，难发的zhi、chi、shi就被淘汰掉了。

大多数幼儿人生中最先学会的词是“妈妈”。有意思的是，世界上很多语言中“母亲”一词的发音和汉语相似，如英语的“mother”“mum”，日语的“ママ（mama）”，德语的“Mama（n）”。这说明世界各地的幼儿在最开始开口说话发音时具有一定的共性。这是为什么呢？这也是由儿童语音学习规律决定的。辅音有学习规

① 刘赵．儿童语音习得的顺序及其简化现象分析[J]．吉林省教育学院学报，2012（12）：102-104.

律，元音当然也有。语言学家们发现，儿童感知、习得元音比辅音早。幼儿元音的学习顺序是：单元音先于双元音，单元音中舌面元音最早学会，其后依次为卷舌元音和舌尖元音。普通话舌面元音韵母中，一般是 ɑ 最先学会，u、o、ü 最后学会。这个顺序显然与发音时舌位的前后、嘴巴张开的大小和嘴唇的形状是有关系的。发 ɑ 时的嘴形和舌头位置与幼儿自然的开口状态是一致的，因而最先学会。接着学会嘴形变小的 e 和变圆的 u、o，最后学会舌头前伸的撮口 ü①。

"妈""mum"等词的发音主要包括辅音 m、元音 ɑ。m 是双唇不送气爆破音，ɑ 是舌面低不圆唇元音。从幼儿语音学习顺序的规律可以看到，m 是最先学会的辅音，ɑ 是最先学会的元音。二者的组合一般就是幼儿最先学会的音节。另外，由于妈妈是婴儿出生以来最常见、最熟悉的人，于是就成为"mɑ"这个音节所代表的意义。有的方言中，"妈"与"奶"同音都念"mɑr"，显然"奶"这个概念也是婴儿生活中最常见的概念之一，因而也念最容易发音的"mɑr"是不稀奇的。同样的道理，各个语言中"爸爸"发音也不是太难。如汉语的"爸爸 bàbɑ"，英语的"dad""daddy"。"bɑ"中的 b 是双唇音，ɑ 是低元音，都是容易发的音；"dad"中的 d 是舌尖中音，是辅音较容易发的音，a[æ]是次低元音，发音时开口大小只比 ɑ 小一点点，也是比较容易发的元音。

了解了幼儿的语音学习规律后，家长可以利用这些规律正确认识儿童的发音现象，按照科学的次序有效引导幼儿学习各种辅音和元音。第一，家长在陪伴幼儿时，应该尽可能把各种辅音和元音发得饱满和清晰，速度可以慢一点，以让幼儿感知到精确的语音形象。第二，遵循幼儿语音学习规律，前期重点输入较易发音的双唇音 b、p、m 和元音 ɑ、e、i 等，最后学习和纠正舌尖后辅音 zh、ch、sh、r，舌根辅音 g、k、h 和元音 u、o、ü。第三，有些较难的

---

① 参见司玉英．普通话儿童语音习得的个案研究[J]．当代语言学，2006(1)：1-16，93；龚勤．早期儿童语音习得的若干特点探析[J]．黄石理工学院学报(人文社会科学版)，2011(5)：48-52.

音发不准或发音含混时，不必惊慌，因为随着孩子的不断生长发育，一些发音器官会越来越灵活，那些难发的音就能发出了。第四，如果发现幼儿是兔唇、腭裂，应及早通过手术修复，并不仅仅是为了面部美观，因为这会影响双唇音等语音的学习，最终影响孩子的语言能力。跟面部美观相比较，语言能力在孩子以后的日常生活中更重要。

第二节 送气辅音的应用

2005年的央视春晚上，黄宏、巩汉林、林永健表演的小品《装修》非常有趣。剧中三句台词令观众印象深刻，分别是：

(1)巩：大嫂，我本来不想过界，只是想掏一个壁橱。

林：你掏壁橱啊？我们家壁橱刚做好，我正扫灰呢，好啊一个大锤抡过来了！幸亏我躲得急呀，要不我这个脸啊，可就破了相了知道吗？（哭泣）

黄：（拉近林，悄悄地）哎哟，大哥，就这模样破相等于整容啊！

(2)林：说啥啦？说啥啦？（黄、巩走近林）我跟你讲，买个房子容易吗？一墙一柱啊，让你们就砸成破房子了！（唾沫飞溅）

(3)黄：（抹脸）大哥，比下水管还那个！

巩：你给我砌墙！

黄：砌墙行。砖呢？

巩：（反问）砖呢？

黄：砸她家去了。

巩：搬去！

黄：大……大哥，我不敢……我一看她那模样，我也怕破

相啊！（唾沫飞溅）

每句中都有个“破”字，很显然，当说出“破”字时能够加强唾沫飞溅的喜剧效果。连用三个“破”字，这一定是编剧精心挑选的字眼。那么编剧为什么选择了“破”字？有人说：“这还不简单，不就是这样做能喷出唾沫嘛！”可是，为什么说“破”就能喷出唾沫呢？其实这种现象跟汉语辅音中的送气发音有关。

前一节我们说到，辅音发音时，发音部位不同，就会发出不同的音。除此之外，辅音发音还跟气流阻碍方式和气流大小有关。发音时，气流受到阻碍的方式不同或气流大小不同，就发出不同的辅音。

根据阻碍方式不同，普通话的声母可分为爆破音、擦音、爆破擦音、鼻音、边音。阻碍一般由口腔上下两个发音部位接触或接近形成。

爆破音发音时，上下两个发音部位紧紧抵住，呈封闭状态，形成对气流的阻碍，然后气流冲破封闭状态，像炸药爆破一样，迸发成音，声音短暂。这样的声母有 b、p、d、t、g、k。比如：b、p 就是双唇先紧闭，然后气流猛地冲开双唇，发出音来；d、t 则是舌尖先抵住上齿龈，形成紧闭状态，然后气流猛地冲开，发出音来；g、k 是舌根靠紧软腭先紧闭，然后气流猛地冲开双唇，发出音来。

擦音发音时，上下两个发音部位不是紧紧抵住，而是接近，留下一道窄缝，类似于人们常见的一线天，然后气流从这条狭窄的一线天中挤出来，摩擦成声，声音可以拖长。这样的声母有 x、s、sh、r、h、f。比如：x 就是舌面与硬腭前部接近形成一条缝，然后气流从缝隙中挤出而出声；s 则是舌尖与上齿背接近，形成一条缝；sh、r 则是舌尖与硬腭前部接近形成一条缝；h 则是舌根与软腭接近形成一条缝；f 是上齿与下唇接近形成一条缝。

爆破擦音发音时，上下两个发音部位开始时紧紧抵住，呈封闭状态，然后气流把阻塞部位冲开一条窄缝，从窄缝中挤出来，摩擦成音。这样的声母有 j、q、z、c、zh、ch。比如：j、q 就是舌面抵住硬腭前部，形成阻碍，然后气流冲破阻碍形成一条缝，从缝隙中挤出而出声；z、c 则是舌尖与牙齿后部先抵住，后冲开形成一条缝；zh、ch 则是舌尖与硬腭前部先抵住，后冲开形成一条缝。

鼻音声母是 m 和 n。发音时口腔中的两个发音部位靠紧，堵住气流，然后打开鼻腔通路，让气流从鼻腔中出来。发音时，如果把手放在鼻孔前，会感觉有气息出来。

边音只有 l 声母。发音时，舌头两边留有空隙，气流从两边的空隙中通过。南方地区的人大多分不清 n 和 l，其实把手放在鼻孔前没感觉到有很大气息时发的就是 l，反之就是 n。

有些声母发音部位和阻碍方式都相同，但是发音时呼出的气流存在强弱的不同。比如 b 和 p 都是双唇爆破音，但是发音时把手掌放在嘴巴前面，明显感觉到发 b 时的气流较小，发 p 时的气流较大。像 b 这样的音就叫不送气音，像 p 这样的音就叫送气音。显然，不送气音与送气音都是 b、p 这样成对出现的。汉语中，一共有 6 对，都是爆破音和爆破擦音，如 d 和 t，g 和 k，j 和 q，zh 和 ch，z 和 c。

知道了以上发音知识，我们可以设想，为了达到唾沫四溅的效果，剧作家在选择字时首先应该考虑送气音声母的字，即 p、t、k、q、ch、c 做声母的字。其次还要在这 6 个声母中，挑那些发音时呼出气流相对较大的声母。对于这 6 个送气音而言，哪些情况会影响气流大小？一是发音位置与气流运动距离。发音位置靠前，气流运动距离短，损耗小，气流量就大，反之则小。二是阻碍方式，爆破音的气流肯定比爆破擦音的气流大。两个方面综合起来，按气流量从大到小的次序，6 个送气声母排列如下：

$$p > t > k > c > ch > q$$

可以看出，p 的气流量最大。因此，p 做声母的字是最佳选择。

p 做声母的音节有：pa、pan、pang、pai、pao；pei、pen、peng；po、pou；pu；pi、pian、pie、pin、ping。pa、pan、pang、pai、pao 韵母首字母是 a，发音时嘴巴张得大，导致整体呼出气流较小，所以这一组音节的字都不行。另外，以鼻音结尾的音节也不行，因为这类音节要求一部分气流从鼻子里出来，分散了口腔出来的气流量。经过这样筛选下来，只剩 pei、po、pu、pi、pian 这几个音节的气流较大。“破”字正是其中之一。照此类推，pei、pu、pi、pian 音节的字也可以，如“漂”“配”“陪”“赔”“呸”“屁”“皮”“片”“骗”“扑”“铺”等。

最后还有个因素要考虑，就是声调。第四声是降调，跟吹气时的调子类似，符合气流瞬间爆破而出的需要。其他三声相对而言，不是最好的选择。“破”字正是第四声。

相声演员在演出时也常常利用这一技巧。例如：

卢鑫：什么叫绝活？
玉浩：您说。
卢鑫：你能来别人来不了的，这叫绝活。
玉浩：对了。
卢鑫：譬如说(凑近玉浩脸重读状)，
玉浩：您熏着我了。(观众大笑)“比如”，
卢鑫：比如说。

——卢鑫、玉浩《笑傲江湖》初赛相声

“譬如”的“譬”念 pì，声母也是喷出气流最多的送气音 p，声调也是第四声，跟“破”的运用如出一辙，制造笑料的效果也很好。

王声和苗阜的相声也有这种幽默手法：

王声：什么叫没有侧漏啊？
苗阜：有那么个成语嘛。
王声：那叫纰漏，还没有侧漏呢。
苗阜：叫什么玩意儿？
王声：纰漏！
苗阜：对对对对对，我想起来了……
王声：啊。
苗阜：叫“没有纰漏”。(“纰”重读，同时口水喷了王声一脸)

王声：哟，我这半边脸都起了雾了。

——苗阜、王声相声《哭论》

“纰漏”的“纰”念 pī，声母还是送气音 p。

有的主持人在主持节目时也会用到这一点。

第三节 高元音的应用

当摄影师拿着相机拍照的时候，被拍的人大多喜欢说“茄子”“田七”。为什么要说“茄子”“田七”呢？有人说：“这还不简单，不就是这样做就能露出笑容嘛！”可是，为什么说“茄子”“田七”就能露出笑容呢？好像就不知道怎么回答了。其实这种现象跟汉语中的元音发音有关。

从小学一年级起，大家都知道汉语有元音 ɑ、o、e、i、u、ü，其实还有个不单独发音的 ê(就是发 jiē，然后把它拖长的那个音)。这七个音是汉语的舌面单元音。我们在发这些音的时候，舌头会在嘴巴里上下移动，也会前后移动，同时嘴唇还会张大或拢圆；如图 1-2 所示。

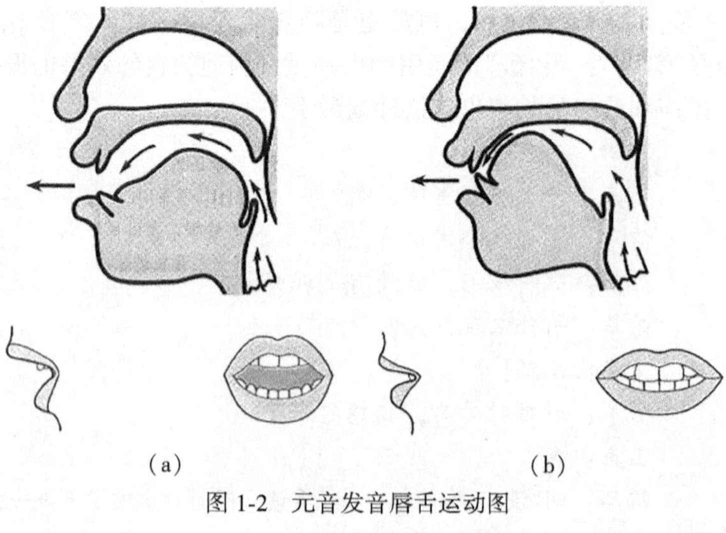

图 1-2 元音发音唇舌运动图

因此，每一个元音是怎么发出来的，其实是由发音时舌头在嘴里的位置和嘴唇的形状决定的。舌头在嘴里的位置叫舌位，包括上下位置和前后位置。

在上下位置方面，语言学家确定了四个比较典型的位置：高位、半高位、半低位、低位。高位指舌头在嘴里最上的位置，低位指最下的位置，比高位低一点的是半高位，比低位高一点的位置就是半低位。四个位置可用图 1-3(a)的横坐标来表示。

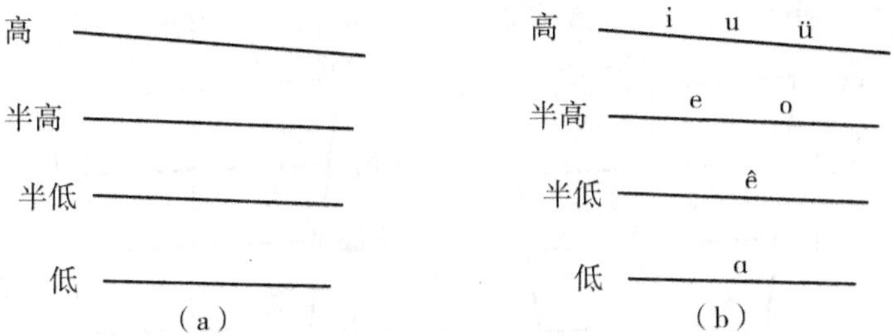

图 1-3　元音发音舌位高低示意图

有的元音发音时，舌头会处于高位，如 i、u、ü，这样的元音叫高元音；有的元音发音时，舌头会处于半高位，如 o、e，这样的元音叫半高元音；有的元音发音时，舌头会处于半低位，如 ê，这样的元音叫半高元音；有的元音发音时，舌头会处于低位，如 ɑ，这样的元音叫低元音。把 ɑ、o、e、i、u、ü、ê 分别标在图 1-3(a)的横坐标上就成了图 1-3(b)。舌位的高低与嘴巴张开的大小有制约关系。舌位越低，嘴巴张开得就越大；舌位越高，嘴巴张开得就越小。所以，发 ɑ 时，嘴巴张开得最大；发 i 时，嘴巴张开得最小。依次发 ɑ、ê、e、i 四个音，嘴巴张得越来越小；依次发 i、e、ê、ɑ 四个音，嘴巴张得越来越大。如图 1-4 所示。

在前后位置方面，语言学家确定了三个比较典型的位置：前位、央位、后位。舌头在嘴里最前的位置叫前位，最后的位置叫后位，处于中间的位置是央位（"央"就是中间的意思）。三个位置可用如图 1-5(a)的纵坐标来表示，左边的竖线表示前位，右边的竖

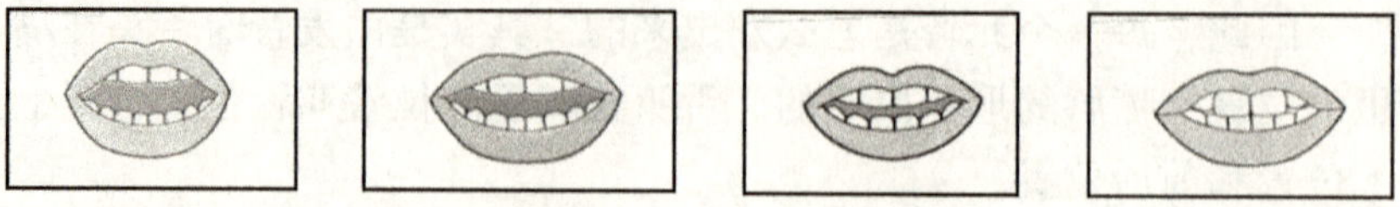

低元音ɑ　　半低元音ê　　半高元音e　　高元音i

图 1-4　元音发音开口度变化示意图

线表示后位，中间的竖线表示央位。

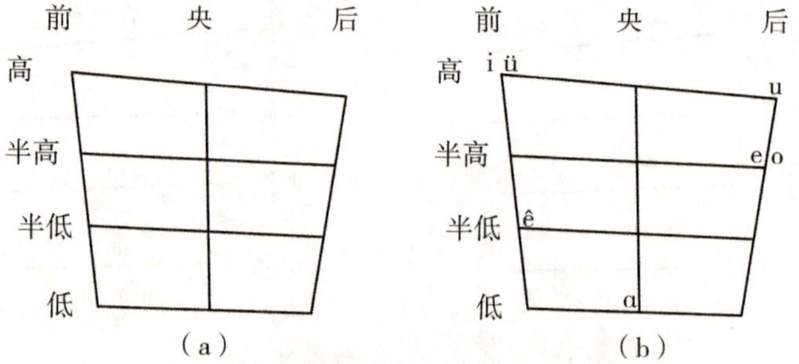

图 1-5　元音发音舌位前后示意图

有的元音发音时，舌头会处于前位，如 i、ü、ê，这样的元音叫前元音；有的元音发音时，舌头会处于后位，如 u、o、e，这样的元音叫后元音；有的元音发音时，舌头会处于央位，如 ɑ，这样的元音叫央元音。把 ɑ、o、e、i、u、ü、ê 分别标在图 1-5(a)的纵坐标上就成了图 1-5(b)。舌位的前后是可以观察到的。发音时拿着镜子放在嘴前观察：发 ê 时可看到舌头前部；发 ɑ 时可看到舌头向后缩回去了一些；发 e 时则几乎看不到舌头。见图 1-6。

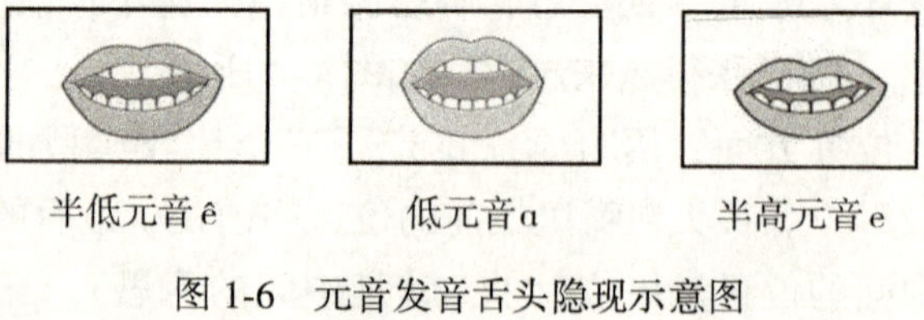

半低元音ê　　低元音ɑ　　半高元音e

图 1-6　元音发音舌头隐现示意图

嘴唇的形状大致可分为圆唇和不圆唇两种。圆唇指发音时嘴唇拢圆的形状，不圆唇指发音时嘴唇不圆、张大或扁平的形状。有的元音发音时，嘴唇会拢圆，如 ü、u、o，这样的元音叫圆唇元音；有的元音发音时，嘴唇会张得很大或者很扁，嘴唇不圆，如 ɑ、i、ê、e，这样的元音叫不圆唇元音。圆唇和不圆唇两个位置可用如图 1-7(a)的纵坐标竖线的左边与右边来表示，每条竖线的左边表示不圆唇，每条竖线的右边表示圆唇。把 ɑ、o、e、i、u、ü、ê 分别标在图 1-7(a)的纵坐标上就成了图 1-7(b)。

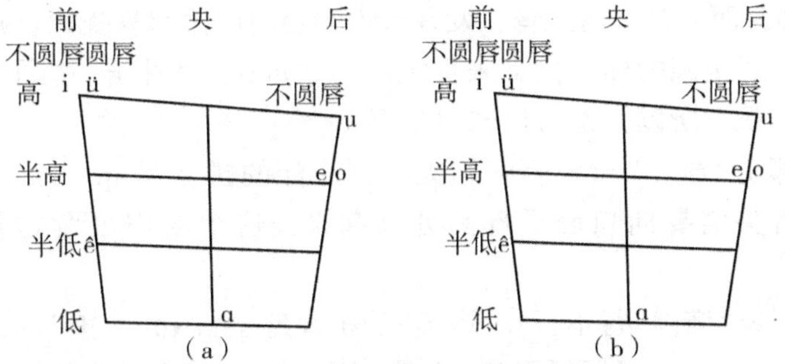

图 1-7 元音发音嘴唇圆展示意图

除了这七个舌面单元音外，汉语里还有两个舌尖元音。一个是 zi、ci、si 后面的-i，叫舌尖前元音，发这个音时舌尖前伸靠近牙齿背面，双唇平展，露出上下牙齿。另一个是 zhi、chi、shi、ri 后面的-i，叫舌尖后元音，发这个音时舌尖需要上翘后卷接近口腔上部，双唇平展，露出上下牙齿。这两个元音不容易单独发出来，一般都是与声母一起发，所以小学拼音教学中没有这个音，而是把它们跟声母一起作为整体认读音节来教。

了解这些发音知识后，再来看照相时说“茄子”“田七”的问题。有时候，对于某个问题，不好从正面回答“为什么是这样”，这时我们可以从反面来思考“为什么不能是别的样子”。就“茄子”“田七”的问题而言，正面回答不太容易说清楚。但是，我们可以考虑：说别的词能不能露出笑容？

比如，照相时说“土豆”行不行？“土豆”的拼音是 tǔ dòu，“土”和“豆”的最后一个音都是 u，而 u 是圆唇元音，发音时嘴唇会向前撮起来拢圆。要是在你嘴唇拢圆的时候恰巧被摄影师拍下来，形象肯定不美观。所以，说“土豆”是不行的。

那说“卡子”行不行？“卡子”的拼音是 qiǎ zi，“卡”的最后一个音是 ɑ，而 ɑ 是低元音和不圆唇元音，发音时嘴巴会张得很大。要是在你张着大嘴的瞬间摄影师恰巧按快门，拍下来形象肯定不美观。所以，说“卡子”也不行。

那说“月子”行不行？“月子”的拼音是 yuè zi，“月”的第一个音是 ü，而 ü 是圆唇元音，发音时嘴唇会向前撮起来拢圆。跟 u 一样，嘴唇拢圆的样子拍下来肯定不美。再说，“月子”这词听起来也不雅观。所以，说“月子”也不行。

那说“茄汁”行不行？不太好。茄汁的拼音是 qié zhī。发 zhī 时，舌头需要向口腔后部高处卷起来，这个动作很费劲儿，不省力。

那说“谦虚”行不行？“谦虚”的拼音是 qiān xū，“虚”的最后一个音是 ü，而 ü 是圆唇元音，发音时嘴唇会向前撮起来拢圆，俗话说“嘟着嘴”。万一就在你嘟着嘴的时候拍下来肯定不美。所以，说“谦虚”也不行。

那说“别字”行不行？不行。“别字”的拼音 bié zì，“别”的声母是 b。b 是双唇音，发 b 时，双唇首先得紧闭着。如果紧闭着嘴的时候拍下来样子肯定不好看。所以，说“别字”也不行。

由以上情况可以看到，字音里有圆唇元音 u、ü 时，嘴会嘟着；有低元音 ɑ 时，嘴会张得太大；有 zhi、chi、shi、ri 时，舌会费劲儿；有双唇音声母 b、p、m 时，嘴会紧闭着。以此类推，含有圆唇元音 o 的词语也不宜说。总结一下，就是：含有圆唇元音、低元音、舌尖后元音、双唇音声母的词语，拍照时都不宜说。

这也正好说明“茄子”“田七”为什么能说。因为说这两个词语时，嘴巴大小正好与微笑时的嘴巴大小相吻合。“茄子”的拼音是 qié zi，“茄”的第一个元音是 i，发音时嘴唇微张，露出牙齿，这正好是微笑的第一步；“茄”的第二个元音是 ê，ê 是半低元音，发音时嘴巴继续张大，唇形大小与微笑时差不多；发 zi 时，舌尖前伸，双唇平展，露出牙齿。因此，发“茄子”时，依次发出了“i—ê—zi”元音，嘴形正好经历了“小—中—小”的变化过程（如图 1-8 所示），并且自始至终露出牙齿，在发音的每个瞬间都能保持优美的微笑状，摄影师自然容易拍出满意的照片。“田七”也是这样。“田七”的拼音是 tián qī，“田”的第一个元音是 i，第二个元音拼音写作 a，但是这个 a 受它前后的 i 和 n 的影响，实际发 ê。“七”的第一个元音是 i，发 i 时，舌面前伸展平，嘴唇微张，露出牙齿。因此，发“田七”时，依次发出了“i—ê—i”元音，嘴形也经历了“小—中—小”的变化，也符合拍照时的表情要求。当然，“茄子”是常见的词语，拍照时说“茄子”与这一点也有关系。

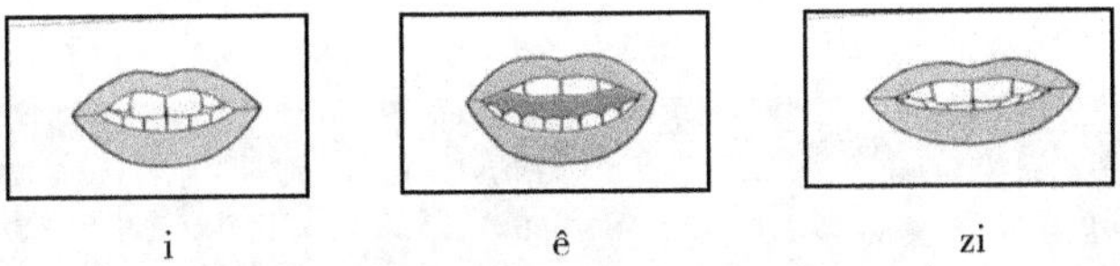

图 1-8　“茄子”“田七”发音唇形变化示意图

从以上正反两方面例子分析可看出，含有元音 e、i、ê 的词语都能满足拍照的表情要求。以此类推，除了“茄子”“田七”以外，还有很多词语能说。比如摄影师常用的还有：

(1)“小猪肥不肥？肥……”

(2)“西瓜甜不甜？甜……”

(3)“莲叶何田田……”

(4)“老板！”“有钱……”

此外，还有大家比划着 V 字手势常用的“耶”。

从这些字词也可看出，大家偏爱用第二声调的字。主要原因是第二声是上扬的声调，上扬的幅度不大，发音省力，调型呈直线形，便于拖长。第四声是降调，也是直线形，但下降幅度过大，所以可供选择的词语不多。第一声是直线形平调，发音太平淡，选择的词语也不多。第三声是曲折调，发音需要先降后升，费力费时，所以几乎没有人在拍照时选择说第三声的词语。

明白了这个道理，就知道其他语言中照相时说的词也与此类似。美国人照相喜欢说“cheese”。日本人照相喜欢说“チーズ!”和“ちず”。这两个词听起来跟汉语“妻子”发音近似。有时摄影师问：“1加1等于多少?”被拍的日本人回答：“2(ni)!”法国人拍照时说“Ouistiti”。英语、日语、法语里的这些词，其发音都含有元音i。韩国人说“김치”，这个词是“泡菜”的意思，大致念“kimchi”，有点像汉语“恳切”，最后的音跟汉语的“茄”相近。东方文化真是民以食为天，一听“茄子”“泡菜”等吃的，自然笑逐颜开。一项针对欧洲26种拍照时的用语进行的测试发现，说法语“ouistiti”拍摄时微笑效果最好。图1-9中的五张照片是说“Ouistiti”(发音是“wi - sti - ti”)的快拍照。

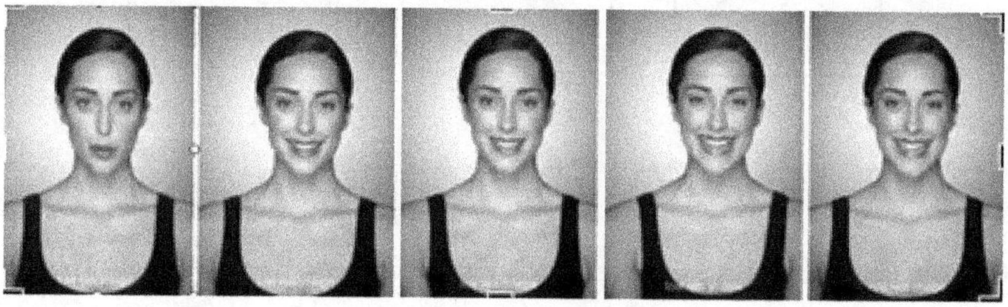

图1-9 说法语“Ouistiti”的微笑状态

第四节 取名时元音和声调的选择

2015年华为技术有限公司总裁任正非接受法国媒体采访时，费加罗报记者 Marc Cherki 问：“华为公司的名字是您建立初就起的，还是后来起的？华为是‘中国繁荣’的意思吗?”

任正非回答：“我们当初注册公司时，起不出名字来，看着墙上‘中华有为’标语响亮就拿来起名字了，有极大的随意性。华为这个名字应该是起得不好。因为‘华为’的发音是闭口音，不响亮。

所以十几年来我们内部一直在争议要不要改掉‘华为’这个名字，大家认为后面这个字应该是开口音，叫得响亮。”

看来，大家都希望取的名字要响亮。那么，如何取名字才能响亮？

一、元音的选择

名字响亮不响亮，从语音学上讲，首先取决于名字韵母中的主要元音。主要元音是韵母中最响亮的那个元音，传统汉语音韵学把它叫作韵腹。有时韵腹的前面还会有韵头，后面还会有韵尾。如表1-1所示。

表1-1　**汉语音节韵母结构表**

项目	韵母			
	韵头	韵腹	韵尾	
ai		a	i	
uai	u	a	i	
ao		a	o	
iao	i	a	o	
ei		e	i	
ui	u	e	i	
ie	i	e		
ü	ü	e		
an		a		n
in		i		n
uang	u	a		ng
eng		e		ng
ing		i		ng

元音的响亮程度跟嘴巴张开的大小有关系，张开得越大越响

亮，反之越不响亮。也就是说，发 i、u、ü 不大响亮，而发 a、ê 比较响亮，e、o 处在中间。i、u、ü 在发音时嘴巴张开不大，就是所谓的闭口音，反之发 a、ê 时张开得大一些，就是开口音。

元音的响亮程度与发音舌头的前后位置也有一定关系。一般来说，发音靠前的比靠后的响亮。a、ê、i 发音时靠前，而 e、o、u、ü 发音靠后，开口度相近的情况下靠后的响亮度要低一点。

另外，名字是否响亮，跟字读音的结尾也有关系。汉语音节的结尾要么是元音，要么是辅音 n 和 ng，元音结尾的要比辅音结尾的响亮。比如："德"就比"仁"响亮，dé 是元音结尾，rén 是辅音 n 结尾。de 和 deng 一比较，更是 de 占优。

综合这几点，可看出发音响亮的韵母有：

a　ia　ua　e　ie　ai　uai　ao　iao　ei

an　ian　uan　üan　ang　iang　uang

因此，含有这些韵母的字听起来要比其他的字响亮。ê 本来也很响亮，可是汉语没有它单独做韵母的字。

比如香港歌星刘德华(liú dé huá)的名字就很响亮，原因是 liú dé huá 中，dé 和 huá 都以元音结尾，且 huá 最后的音是最响亮的 a。据说他还有一个名字叫"刘福荣"，不考虑意义的话，单就从响亮程度上来说，"福荣"远不如"德华"。fu 中的 u 开口度很小，发音还靠后。rong 中的 ong，是 u 和 ng 组成的，u 是后元音，ng 也是发音靠后的鼻辅音。两者念起来当然不响亮。

又如很多人姓名中有 gang 音节的字，如相声名家郭德纲、著名艺人李玉刚、老歌手屠洪刚等。"李玉刚"中，li 中的 i 和 yù 中的 ü 都是开口度很小的音，念快了听起来模糊不清，但是最后的 gang 很响亮，挽救了这个名字，因为 gang 中有最响亮的 a。这也说明最响亮的字要放在最后。

著名歌星王菲在香港发展的时候曾经用过艺名"王靖雯"，后来改名叫"王菲"。"靖雯"(jìng wén)两个音节的最后都是鼻辅音，而且 i 属于最不响亮的元音阵营，ing 跟 ang 比起来响亮度差很远。"菲"的发音为 fēi，韵母都是元音，其中主要元音 e 是半高元音，不如 a、ê 响亮，但是比 i、u、ü 要好，所以"菲"总体上要比"靖雯”响亮。

主持人胡瓜的名字好记又好念，他的原名叫胡自雄。“自”“雄”两个字都不响亮。“自”的主要元音是-i，“雄”的主要元音是ü，都是闭口音，而且“雄”以鼻辅音 ng 结尾。“瓜”就好多了，它的主要元音是 ɑ，而且还是音节最后的音，因而不但响亮还可拖长。

二、声调的搭配

起名字还要注意声调的搭配。声调是汉语的一个重要特点，它能带来抑扬顿挫的声音美。在名字中合理安排每个字的声调，能使姓名听起来悦耳；否则，就容易让人感到压抑、急促，听起来缺少变化，缺乏美感，念起来不是拗口，就是变成了别的音、别的字。

首先要注意尽量平仄搭配。普通话的声调有四个——阴平、阳平、上声和去声，俗称第一声、第二声、第三声和第四声。第一声、第二声属于平声，第三声和第四声属于仄声。古人作格律诗、写对联都讲究平仄的安排，这样读起来抑扬顿挫，具有音乐的美感。取名时也要借鉴平仄，具体来说几个字最好不要全是平声字或全是仄声字，应该有平有仄。如果是两个字最好是一平一仄，如果是三个字最好是两平一仄或两仄一平。当然这个不是绝对的，“刘德华”是三个第二声，听起来念起来也不错。

其次，念起来要轻松顺口，要避免“上+上”或“上+上+上”组合，避免“去+去”或“去+去+去”组合。第一声阴平调值为 55，是个平调；第二声阳平调值为 35，是个上扬的调；第三声上声调值为 214，是曲折调，先降后升；第四声去声调值为 51，是个降调，而且降的幅度特别大。实际念时，第三声和第四声念得要比第一声和第二声长，其中第三声因为是个曲折调，拖得最长。这样，在实际说话过程中，如果两个或三个第三声连在一块儿，那么说话人会觉得每一字都太长，念起来很费劲。在不影响意思表达的前提下，人的懒惰性就会促使说话人减短某个字的发音长度。比如：“柳蕾”的调值本来是“214+214”，因为两个字发音延续时间太长而太拗口，结果实际念时是“35+214”，跟“刘蕾”一样。在这个名字中，

“柳”的调值从“214”变成了“35”，字的发音长度变短了，直接变成了第二声。又如：“史可法”实际念时变成“35+35+214”(像“石咳法”)或“35+21+214”。“可”的调值无论是变成35还是21，都是变短。“柳蕾”变“刘蕾”，跟换了姓名一样，当然不太好。

第四声的字由于降的幅度特别大，实际念时延续时间也很长。当两个或三个第四声连续念时变成了“降到底—升上来—再降到底”，如此反复，也很不舒服，人们也会想方设法偷懒念得短一点。比如，“付大建”的调值本来是“51+51+51”，正常说话时就念成了“53+53+51”，前两个字并没有降到底，同时也变短了。所以，取名时遇到多个第三声和多个第四声的声调组合，应尽量避开。

取名当然还有个重要的考虑因素，就是字的文化内涵。这一点很多人都懂，不是我们讨论的重点，在此就不赘述了。

第五节　韵母四呼的应用

从前有一位唱京韵大鼓的姑娘，很机灵。有一天她摔了一个跟头，结果两颗大门牙磕掉了一颗，样子非常难看。有一天跟着师傅吃酒席，席上有人问：

“年方几何？”
“十五。”她回答。
“属什么？”
“属鼠。”
“家住哪里？”
“保安府。”
“什么职业？”
“唱大鼓。”

过了很长时间，她的牙终于长好了。又有人问同样的问题：

“年方几何?”
“十七。”
“属什么?”
“属鸡。”
“家住哪里?”
“城西。”
“什么职业?”
“唱戏。”

牙磕掉后，姑娘为了掩饰自己不好看的门牙，就选择了“五、鼠、府、鼓”作为每句话的结尾。牙好后，牙没有问题了甚至还可以露出炫耀下，于是选择了“七、鸡、西、戏”作为每句话的结尾。

“五、鼠、府、鼓”能够掩饰门牙，在于这些字的韵母都是合口呼，“七、鸡、西、戏”能够露出门牙，在于这些字的韵母都是齐齿呼。合口呼和齐齿呼都是汉语韵母四呼之一。

四呼是汉语韵母按照韵头的不同分成的四种类型，包括开口呼、齐齿呼、合口呼和撮口呼。

开口呼指不是 i、u、ü 和不以 i、u、ü 起头的韵母，如 ɑ、o、e、ê、er。

齐齿呼指 i 或以 i 起头的韵母，如 iou、iɑo、ie、iɑ。

合口呼指 u 或以 u 起头的韵母，如 uɑ、uo、uɑi、uei。

撮口呼指 ü 或以 ü 起头的韵母，如 üe、ün、üɑn。

具体如表 1-2 所示。

表 1-2　**普通话韵母四呼分类表**

开口呼	齐齿呼	合口呼	撮口呼
	i	u	ü
ɑ	iɑ	uɑ	
o		uo	
e			

续表

开口呼	齐齿呼	合口呼	撮口呼
ê	ie		üe
er			
ɑi		uɑi	
ei		ui	
ɑo	iɑo		
ou	iu		
ɑn	iɑn	uɑn	üɑn
en	in	uen	ün
ɑng	iɑng	uɑng	
eng	ing	ueng	
		ong	iong

凡合口呼的字，韵母开头都是 u，在开口念时嘴唇会向前撮起来拢圆，正好挡住了门牙。另外，“五、鼠、府、鼓”的韵母只有 u，等于韵母结尾也是 u，实际上就是自始至终都是保持圆唇不见门牙状态。

凡齐齿呼的字，韵母开头都是 i，在开口念时嘴唇会向嘴角两边拉伸，正好露出了门牙。另外，“七、鸡、西、戏”的韵母只有 i，等于韵母结尾也是 i，实际上就是自始至终都是保持嘴唇咧开露出门牙的状态。

无独有偶，相声演员李寅飞、李丁在央视春晚的相声《我知道》中也曾经巧妙利用了合口呼与撮口呼的字。

李寅飞：这叫节能减排，

李丁：是。

李寅飞：构建节约型社会。

李丁：还知道。

李寅飞：你像现在推行的光盘行动，

李丁：啊。

李寅飞：也是这个理念。

李丁：哦。

李寅飞：大家点餐的时候，

李丁：啊。

李寅飞：你要是点了鲤鱼、鲈鱼、鲢鱼、鲶鱼、卤肉、卤鹿肉、卤驴肉、卤鱼肉，你就得注意了！

李丁：就注意舌头别拧成中国结了！

李寅飞：我没这么说呀！

“鲤鱼、鲈鱼、鲢鱼、鲶鱼、卤肉、卤鹿肉、卤驴肉、卤鱼肉”大部分是合口呼与撮口呼的字，念这些字时上下嘴唇都得撮起来，念撮口呼的“鱼、驴”时舌头还得在嘴中前伸，念合口呼的“卤、鹿、肉”时舌头还得在嘴中后移。这些字连续出现，嘴唇就不得不时不时地嘟着，舌头得前前后后地来回运动，很不容易流利正确地说出来。相声利用了这一点，显示了演员扎实的“说”的基本功，取得了很好的幽默效果。

第六节　必须知道的拼音历史

一位美国留学生问：“老师，香港的英文为什么叫 Hong Kong，不叫 Xiang Gang 呢？”这个问题一句话说不清，要从汉语拼音的历史谈起。

一、利玛窦、金尼阁罗马字母注音方案

众所周知，汉字不表音。今天的人们不知道一个字怎么读，就会用部首查字法在字典中查到这个字，然后看看它的拼音是怎样的，根据拼音来念。中国古代社会没有拼音，古人怎么来读一个不认识的汉字呢？答案是直音法或反切法。所谓直音，就是用一个汉

字给另外一个汉字注音。比如："莘，音深。"这个方法缺陷很明显：用来注音的那个字也不认识怎么办？没有同音的字怎么办？东汉以后，人们似乎聪明了点，用两个汉字给一个汉字注音，这就是反切。一般取第一个字的声母，取第二个字的韵母和声调，这三者构成一个音节。比如，"冬，都宗切"，取"都"的声母 d，取"宗"韵母和声调 ōng，拼成"冬"的读音 dōng。这个方法有进步，至少使人们认识到，字的读音可以分成声母和韵母两部分。可是，这个方法仍然需要事先认识一些汉字。

如果做不到事先认识一些汉字怎么办？换句话说，一个汉字都不认识的人想读出某个汉字的音怎么办？早期来华的外国人就遇到了这个问题。明朝末年，西方的一些天主教徒来到中国传教。他们首先遇到的问题是学会读汉字，学会汉语。于是他们开始尝试用西方的罗马字母来拼写汉字。这其中比较有名的是意大利耶稣会教士利玛窦，他最早开始系统地用罗马字母为汉字注音，开创了汉语拼音化的先河。1605 年，他将自己设计的用罗马字母拼读汉字的方案写成了一本书，叫《西字奇迹》，包括四篇文章。大约 20 年后，法国耶稣会教士金尼阁在利玛窦方案的基础上，在山西、陕西一些学者的帮助下进行了修改和补充，形成了一个比较完善的方案，并依据它编写成了一部注音字典《西儒耳目资》①。在这本书中，既可以根据拼音查汉字，也可以根据汉字查拼音。金尼阁的罗马字母注音方案记录的是南京官话，只用了 25 个字母(5 个元音字母，20 个辅音字母)②，为了记录当时的"清、浊、上、去、入"五个声调，还设计出了 5 个表示声调的符号："ˉ""^""\""/""ˇ"。他首次把这些声调符号加在韵母上，而古人历来都是把声调和韵母分开的。还设计有送气符号"'"③。利玛窦、金尼阁给汉字制定罗马字

① 周有光．汉字改革概论[M]．北京：中央编译出版社，2013：28-29.

② 谭慧颖．《西儒耳目资》源流辨析[M]．北京：外语教学与研究出版社，2008：72-73.

③ 谭慧颖．《西儒耳目资》源流辨析[M]．北京：外语教学与研究出版社，2008：89-90.

母拼音方案的本意，只是为了便于西方传教士学习和使用汉语，但是客观上却启发了中国本土学者产生汉字可用字母注音的想法。他们所使用的罗马字母注音符号成为现代汉语拼音方案的源头。

二、威妥玛拼音与邮政拼音

清朝建立后，闭关锁国，排斥外国人。结果，两三百年中汉字拼音工作没什么大的发展。到了清末，又有个外国人设计了一套新的拉丁字母（“拉丁字母”与“罗马字母”基本上是一回事）拼音方案。他叫威妥玛（Thomas Francis Wade），是英国大使馆秘书，1841年来到中国，1882 年离开，在中国生活长达四十余年。1867 年，威妥玛编写出版了一本外国人学习北京官话口语的教材《语言自迩集》。教材采用了一套威妥玛自己创制的用来标注汉字的拼音，这就是威妥玛拼音。他自称用了 8 年时间制定正字法，几经反复，几易其稿，最后才完成①。

此前的各种拼音方案记录的是南京官话，而威妥玛拼音记录的是北京官话。这个拼音方案用了 21 个字母描写声母，改善了送气音符号，把送气符号标在字母右上角，如 p'（现行汉语拼音中的“p”）、t'（现行汉语拼音中的“t”）。威妥玛发现北京话只有四个声调，并首创用数字 1、2、3、4 来表示四声，将这四个数字写在注音的右上角，即方便简捷又利于学习。比如：

pɑ 的声调：$pɑ^1$　$pɑ^2$　$pɑ^3$　$pɑ^4$

威妥玛拼音的声母和汉语拼音方案的声母对比如表 1-3 所示：

表 1-3　**威妥玛拼音和汉语拼音方案声母表对比**

威氏拼音	p	p'	m	f	t	t'	n	l
汉语拼音	b	p	m	f	d	t	n	l
威氏拼音	k	k'	h	ch	ch'	hs	ch	ch'
汉语拼音	g	k	h	j	q	x	zh	ch

① 周有光．汉字改革概论［M］．北京：中央编译出版社，2013：33-34.

续表

威氏拼音	sh	tz/ts	tz'/ts'	ss/s/z	j	零声母	
汉语拼音	sh	z	c	s	r	y	w

威妥玛拼音的韵母与今普通话相比较而言，多了 io、üo、iai 三个韵母。其韵母大部分拼写与现行汉语拼音相同，少数不同，例如：

ien = ian　ung = ong　ieh = ie　üeh = üe　ien = in　üen = ün

tzŭh = zi　tz'ŭh = ci　ssŭh = si

chih = zhi　ch'ih = chi　shih = shi　jih = ri

下面是两种拼音音节的对比：

报：pao(威氏拼音)　bao(汉语拼音)

病：ping(威氏拼音)　bing(汉语拼音)

心：hsin(威氏拼音)　xin(汉语拼音)

报：pao(威氏拼音)　bao(汉语拼音)

虫：ch'ung(威氏拼音)　chong(汉语拼音)

威妥玛拼音发展并确立了用拉丁字母标注汉字的方法，展示了西方人在学习汉语的过程中对汉语语音认识的最高水平。《语言自迩集》出版后不仅在中国受到广泛欢迎，在欧洲也备受关注。借助此书的出版，威妥玛拼音风靡世界，广泛地运用于邮政电信、海外图书馆中文藏书编目、外交护照之中文人名及地名的译音等，成为中国地名、人名及事物名称外译的译音标准。这种标准一直沿用到 1982 年，当年我国《汉语拼音方案》被确定为拼写中国地名、人名和有关事物名称的新的国际标准。

威氏之后，另一位翻译出身的英国驻华外交官——翟理斯(Herbert Allen Giles)也对拼音方案颇有研究。1892 年，翟理斯出版了一本《华英字典》(*Chinese English Dictionary*)。此后，他又花 20 年时间对这部词典进行修订，于 1912 年出版了三卷本增订版。在此书中，他对威妥玛的标音系统又略加改良，形成了"威妥玛-翟理斯式(Wade-Giles)"拼音。

1906年春“帝国邮电联席会议”在上海举行，会上对中国地名的拉丁字母拼写法进行了统一和规范。该会议决定，地名的拼写基本上以翟理斯所编《华英字典》中的拉丁字母拼写法为依据，即在威妥玛-翟理斯式拼音的基础上略加修改。为了适应打电报的需要，该会议决定不采用任何附加符号(例如送气符号等)。此种拼音系统被称为“邮政式拼音”(Postal Spelling System)。1912年中华民国成立之后继续使用，它是20世纪上半叶西方国家拼写中国地名时最常用的系统①。

邮政式拼音是在威妥玛拼音的基础上进行修改的结果，但只用于地名的拼写。例如：

北京：Peking(邮政式拼音)　Pei-ching(威妥玛拼音)

威妥玛拼音的“u”被改作“w”，例如：

锦州：Chinchow(邮政式拼音)　Chin-chou(威妥玛拼音)

威妥玛拼音基本上以北京音为准，而邮政式拼音中广东、福建等地地名采用的是当地的方言语音，如：

金门：Quemoy(邮政式拼音)　Chin-men(威妥玛拼音)

汕头：Swatow(邮政式拼音)　Shan-t'ou(威妥玛拼音)

邮政式拼音还有“清华”(Tsinghua)、“苏州”(SooChow)、“香港”(Hong Kong)等。

威妥玛式拼音还有“孔子”(Confucius)、“孟子”(Mencius)、“茅台”(Moutai)、“中华”(Chunghwa)、“孙中山”(Sun Yat-sen)、“毛泽东”(Mao Tse-tung)、“蒋介石”(Chiang Kai-shek)、“宋庆龄”(Soong Ching-ling)、“宋美龄”(Soong May-ling)等。

有些使用威妥玛拼音的专有名词已被吸纳为英文的外来语，例如：“功夫”(Kungfu)、“太极”(Taichi)、“易经”(I Ching)、“清明节”(Chingming Festival)、“宫保鸡丁”(Kungpao Chicken)。

看到这儿，读者应该明白了，香港的“Hong Kong”叫法原来是邮政式拼音。

---

① 宋均芬．简评汉字注音的前世今生[J]．汉字文化，2013(5)：7-21.

三、注音字母与国语罗马字拼音法式

无论是利玛窦、金尼阁的拼音方案，还是威妥玛-翟理斯式拼音，都是外国人制定的。到了清末，在外国人拼音方案的影响下，在民族危亡、教育救国的背景下，终于有中国人开始自己创建拼音文字了——当时称为“切音字”，就是能拼音的字。创制拼音方案一时形成一股热潮，各种用来拼音的字相继被发明出来，有拉丁字母式的，速记符号式的，汉字笔画式的，甚至还有数学符号。其中首创者是福建人卢戆章，他用拉丁字母的笔画重新创制字母，采取横写方式，设计的方案叫《中国切音新字》。但是这些方案都是在民间推广，没有得到官方支持。

这件事情最终引起了官方的重视。1913 年民国政府在北京组织召开了“读音统一会”，目的是审定汉字的标准音，制定拼音方案。会上提出了多种拼音方案，与会者争论不休，最终推出了一套汉字笔画式的字母——“注音字母”。这套字母于 1918 年 11 月 25 日由当时的教育部正式公布。1930 年，国民政府把“注音字母”改名为“注音符号”①。

注音符号的方案如下②：

声母：ㄅㄆㄇㄈ(ㄪ)，ㄉㄊㄋㄌ，ㄍㄎ(ㄫ)ㄏ，ㄐㄑ(ㄬ)ㄒ，ㄓㄔㄕㄖ，ㄗㄘㄙ(注：括号内的字母只用于方言语音，后废除)。

介母：ㄧㄨㄩ。

韵母：ㄚㄛㄜㄝ，ㄞㄟㄠㄡ，ㄢㄤㄣㄥ，ㄦ。

声调：阴平ˉ(通常不标)，阳平ˊ，上声ˇ，去声ˋ。

为便于读者理解，特列出其与现行汉语拼音的对应关系：

声母：

ㄅ	ㄆ	ㄇ	ㄈ	ㄪ,	ㄉ	ㄊ	ㄋ	ㄌ,	ㄍ	ㄎ	ㄫ	ㄏ,
b	p	m	f	v,	d	t	n	l,	g	k	ng	h,

ㄐ ㄑ ㄒ，ㄓ ㄔ ㄕ ㄖ，ㄗ ㄘ ㄙ

---

① 周有光．汉字改革概论[M]．北京：中央编译出版社，2013：45-49.

② 周有光．汉字改革概论[M]．北京：中央编译出版社，2013：78-86.

j　q　x，zh　ch　sh　r，z　c　s

介母：

ㄧ ㄨ ㄩ

i　u　ü

韵母：

ㄚ ㄛ ㄜ ㄝ，ㄞ ㄟ ㄠ ㄡ，ㄢ ㄤ ㄣ ㄥ，ㄦ

ɑ　o　e　ê，ɑi　ei　ɑo　ou，ɑn　ɑng　en　eng，er

采用注音符号的实例见图 1-10。

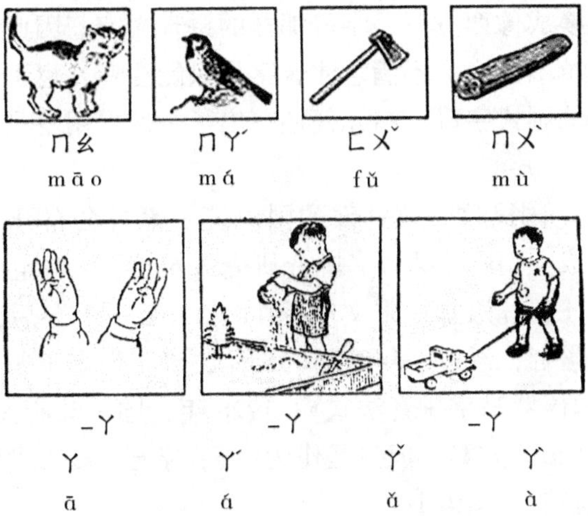

图 1-10　注音符号实例

注音符号的主要特点是：

第一，字母脱胎于简单的古汉字，符合我国文字传统，符合当时的变革与传统并存的社会文化氛围。

第二，音节结构采用“三拼”形式。每个音节最多只用 3 个字母：声母、介母和韵母。如“化”拼为“ㄏㄨㄚ”，“爽”拼为“ㄕㄨㄤ”。

第三，声调标在音节的右上角或四角，第一声一般不标。

第四，用途是给汉字注音，不是作为拼音文字来使用的。

这套字母从 1920 年起，通过小学语文教育、开办讲习所、出版注音字母书报等形式，逐步向全国推广普及。从1920年到1958年，注音字母用了近40年，对统一汉字读音、推广国语、普及拼音知识起了很大的作用。因历史原因，在中国大陆之外的台湾地区，注音字母至今仍是汉字的主要拼读工具之一，是小学语文教育初期必学内容。

众所周知，自20世纪初的五四运动开始，文化界掀起了一场白话文运动，提出“文学革命”。在这种潮流的影响下，陈独秀、钱玄同、胡适、傅斯年、黎锦熙等一些学者开展了汉字改革的讨论，认为汉字也得革命。在他们眼里，汉字是不合时宜的老寿星，应该废除，换成像西方罗马字母那样的拼音文字。因此他们认为注音字母的改革不彻底，不满意注音字母只能注音，也不满意注音字母采用汉字笔画式字母。赵元任还写出了一份采用罗马字母的拼音文字草稿。

1923年，国民政府教育部的国语统一筹备会召开大会，会上通过决议，成立“国语罗马字拼音研究委员会”，指定钱玄同、黎锦熙、赵元任、林语堂、朱文熊等11人为委员。会后，部分委员和其他语言学者，经过一年时间的工作，终于拟定了一个拼音文字方案，即《国语罗马字拼音法式》。1928年，国民政府大学院（相当于教育部）公布该方案，但只是作为“国音字母”第二式推行，用于给汉字注音和统一国语①。

国语罗马字拼音的方案如下②：

声母：

b p m f　d t n l　g k h

j ch(i) sh(i)　j ch sh r　tz ts s

介母：

i u iu

韵母：

---

① 周有光．汉字改革概论[M]．北京：中央编译出版社，2013：52-56.

② 周有光．汉字改革概论[M]．北京：中央编译出版社，2013：88-90. 方案最初还列有一些今天不用的音，如v、ng、gn、z，此处略去。

a　o　e　ê　ai　ei　au　ou　an　ang　en　eng　el

下面是注音字母、国语罗马字、汉语拼音方案的对比：

声母：

注音字母：ㄅ ㄆ ㄇ ㄈ，ㄉ ㄊ ㄋ ㄌ，ㄍ ㄎ ㄏ，

国语罗马字：b　p　m　f，d　t　n　l，g　k　h，

汉语拼音：　b　p　m　f，d　t　n　l，g　k　h，

注音字母：ㄐ ㄑ ㄒ，　ㄓ ㄔ ㄕ ㄖ，ㄗ ㄘ ㄙ

国语罗马字：j　ch(i)　sh(i)，j　ch　sh　r，tz　ts　s

汉语拼音：　j　q　x，　zh　ch　sh　r，z　c　s

介母：

注音字母：ㄧ ㄨ ㄩ

国语罗马字：i　u　iu

汉语拼音：　i　u　ü

韵母：

注音字母：ㄚ ㄛ ㄜ ㄝ，ㄞ ㄟ ㄠ ㄡ，ㄢ ㄤ ㄣ ㄥ，ㄦ

国语罗马字：a　o　e　ê，ai　ei　au　ou，an　ang　en　eng，el

汉语拼音：　a　o　e　ê，ai　ei　ao　ou，an　ang　en　eng，er

国语罗马字的特点是：

第一，字母完全采用西方通行的26个罗马字母，不加符号。字母不够用，就采取同一字母两用的办法，如用“j、ch、sh”代表j、q、x和zh、ch、sh两组声母。

第二，用变化拼法的办法来表示声调，避免附加符号。缺点是表示声调的规则较繁琐，带来学习上的不便。例如，仅阳平的表示规则就有三条：

(1)开口韵在元音后加r，如char茶、torng同、parng旁。

(2)韵母第一字母为i、u者，改为y、w，如chyn琴、hwang黄、yuan元；但i、u两字母为全韵时改为yi、wu，如pyi皮、hwu胡、wu吴。

(3)声母为m、n、l、r者用“基本形式”，如ren人、min民、

liɑn 连。

其余三个声调的表示也各有不同的规则。

国语罗马字方案公布以后，除了在学者中引起一些讨论，出版数量很少的一些课本、教材外，在学校里和社会上并没有得到广泛的宣传和学习，仅仅是在出版字典注音时采用，与注音字母并列。但是，这是第一个法定的意在取代汉字的“拼音文字”方案，不同于注音字母仅仅用于注音。

1984年，台湾地区在很多年不用之后开始修订这个方案。1986年1月28日正式公布，叫作“国语注音符号第二式”。修订后的方案抛弃了以前复杂的声调表示法，改用与《汉语拼音方案》相同的声调符号。舌尖元音在翘舌音(即 zh、ch、sh)后改为 r，如 shr(师)；在平舌音(即 z、c、s)后改为 z，如 sz(思)。卷舌元音由原来的 el 改为 er。韵母 ong、iong，改为 ung、iung。

四、拉丁化新文字与汉语拼音方案

1949年前，一些共产党人还曾经单独制定过拉丁字母拼音方案。20世纪20年代末，苏联为扫除文盲兴起了文字拉丁化运动。当时有一批华工在苏联，其中也有一些文盲，他们也在扫盲之列。于是，当时在苏联工作的瞿秋白、吴玉章、林伯渠等人，与一些苏联专家合作，于1929年拟订了第一个中文拉丁化方案，为区别于其他方言拉丁化新文字，全称叫“中国北方话拉丁化新方案”。在汉语拼音文字必须现代化、国际化、大众化、方言化的原则指导下，这个方案几经修订，于1931年在海参崴召开的中国文字拉丁化第一次代表大会上正式通过①。

拉丁化新文字方案如下②：

声母：

b p m f w　d t n l r　g k ng x

zh ch sh rh　z c s j

① 周有光．汉字改革概论[M]．北京：中央编译出版社，2013：57-62.

② 周有光．汉字改革概论[M]．北京：中央编译出版社，2013：98.

韵母：

a o e i u y

ai ei ao ou

an ang en eng

ia ie iao iu

ian iang in ing

ua uo uai ui yo

uan uang un ung

ye yan yn yng

r

下面是拉丁化新文字与后来的汉语拼音方案的对比：

声母：

拉丁化新文字：b p m f w d t n l r g k ng x

汉语拼音：b p m f w d t n l g k h

拉丁化新文字：g(i,y) k(i,y) x(i,y) zh ch sh rh z c s j

汉语拼音：j q x zh ch sh r z c s y

韵母：

拉丁化新文字：a o e i u y ai ei ao ou

汉语拼音：a o e i u ü ai ei ao ou

拉丁化新文字：an ang en eng ia ie iao iu

汉语拼音：an ang en eng ia ie iao iu

拉丁化新文字：ian iang in ing ua uo uai ui yo

汉语拼音：ian iang in ing ua uo uai ui

拉丁化新文字：uan uang un ung

汉语拼音：uan uang un ueng 和 ong

拉丁化新文字：ye yan yn yng r

汉语拼音：üe üan ün iong er

拉丁化新文字的特点是：

第一，有的声母单独成为音节，有 zh、ch、sh、rh、z、c、s、r 8 个；g、k、x 身兼二职，在 a、u 前相当于今天的 g、k、h，在 i、y 前相当于今天的 j、q、x。

第二，不标声调。

该方案提出后，于1931年至1934年在华工中推行。1933年，拉丁化新文字方案被介绍到中国。上海文化界著名人士陈望道、胡愈之、叶籁士等，认为它是书写大众语、普及群众文化科学知识的最好工具。这个意见得到鲁迅的大力支持。抗日战争爆发后，配合抗日宣传，拉丁化新文字在群众中得到了广泛推行。1940—1942年，在毛泽东、朱德、吴玉章、徐特立、林伯渠、谢觉哉等人的支持下，陕甘宁边区开展了学习和使用拉丁化新文字的群众运动。推广工作一直持续到1955年全国文字改革会议确定了新的方针任务之后才停下来。

拉丁化新文字运动为后来制定汉语拼音方案积累了丰富的经验。

中华人民共和国成立以后，教育部、国务院很快就在北京成立了“中国文字改革研究会”，简称“文改会”。文改会先后收到了海内外热心于文字改革的人士寄来的很多拼音方案设计稿，有的采用汉字笔画式字母，有的采用俄文字母，有的采用拉丁字母。1955年文改会在研究了以前各种拼音方案和1949年以来各种设计稿后，提出了采用拉丁字母的汉语拼音方案初稿。1956年2月发表了《汉语拼音方案(草案)》。草案发表后，全国掀起了讨论热潮。文改会集中了广大群众和各方面的意见，对草案作了进一步修改。新的草案于1957年11月1日国务院全体会议第60次会议上获得通过。1958年2月，全国人民代表大会一致同意批准《汉语拼音方案》。此后，汉语拼音普及行动在全国中小学教师和学生中稳步开展，经过几十年的努力，如今汉语拼音已经深入人心、人人会用。拼音的历史显示，汉语拼音方案是在前人的基础上发展完善的，是吸收几百年间前人各种方案的优点并加以整理、集中和系统化才形成的。

下面是《汉语拼音方案》的具体构成：

声母：

b p m f　d t n l

g k h　j q x

zh ch sh r　z c s

y w

韵母：

a o e i u ü ai ei ao ou

an ang en eng ia ie iao iu

ian iang in ing ua uo uai ui

uan uang un ueng ong

üe üan ün iong er

声调：ˉ ˊ ˇ ˋ

汉语拼音方案的特点是：

第一，采用拉丁字母，放弃创制汉字笔画式字母等新字母；也没有增加新字母，避免信息处理、计算机编码、键入的困难，这一点从今天的应用来看极具远见。

第二，每个声母都有独立的拼写，没有身兼二职的情况；

第三，采用符号标调法，声调符号简单、清楚；

第四，为了使音节界限明显、避免两个音节混淆，设计了隔音符号“'”和隔音字母 y 和 w。

拉丁字母是国际通用的符号，世界上已经有 120 多个国家的文字采用拉丁字母，物理、数学、化学等学科中的符号也采用拉丁字母，因此使用拉丁字母便于国际交流，有利于与国际接轨。

《汉语拼音方案》的作用是给汉字注音、拼写普通话，后来的实践证明，它为推广普通话立下了汗马功劳。此外，在信息处理、字典排序检索、汉字输入法编制方面也发挥了巨大的作用。在今天这个信息化社会，中国人不懂拼音几乎不会打字。在中国文化推向世界的过程中，汉语拼音给外国人学习汉语带来了方便，终于实现了自利玛窦以来研制拼音方案的外国朋友的理想。汉语拼音对外国人来说，容易读、容易写，极大地方便了汉语口语和字音的学习。由于采用拉丁字母，汉语拼音非常有利于汉语的语音教学，因为可以把音节的声母、韵母和声调分解开来练习。

1982 年国际标准化组织(ISO)决定采用汉语拼音作为拼写汉语(包括中国人名、地名)的国际标准。

纵观汉语拼音发展史，前有外国人的尝试和推动，目的是为外国人学习汉语提供方面，后有中国人自觉地去创制，目的是为了提高国人的文化水平。其中威妥玛拼音、注音字母和汉语拼音方案是需要大家认识的。有了这些知识，就知道国内一些地名的英文拼写为什么不同于其汉语拼音拼写。另外，在海外查阅早期的中国资料时，能够识别和解读威妥玛拼音①。国外早期中国文献中的中国人名、地名拼写都涉及威妥玛拼音，不知道这段历史就有可能闹笑话，有人就曾经把“Chiang Kai-shek”(“蒋介石”威氏拼音写法)翻译成“常凯申”，将“Mencius”(“孟子”威氏拼音写法)翻译成“门修斯”。而注音符号台湾还在使用，一些来自台湾的出版物(如幼儿读物《巧虎》)可能会有注音符号。台湾地区的一些老师在教外国人学汉语时，依然在用注音符号。

今天，当我们在手机上很方便地用拼音输入法输入汉字的时候，我们不要忘记了利玛窦、金尼阁、威妥玛、翟理斯等一批外国人士，不要忘记了卢戆章、蔡元培、赵元任、瞿秋白等一大批前辈设计注音字母、国语罗马字、拉丁化新文字的漫长摸索过程。

第七节 合音、拆音的应用

汉语的音节传统上分成声母和韵母两部分，韵母又可以分为韵头、韵腹、韵尾。有些单个音节，读得慢一点，就可能变成两个音节，比如“瞎(xiā)”读慢了就是“洗呀(xǐ yɑ)”；反之有些两个音节的组合，读得快一点，就可能变成一个音节，比如“西安(Xī'ān)”读快了就是“先(xiān)”。前者可以叫作“拆音”，后者可以叫作合音。

---

① 参见周树云．中国人名汉语拼音字母拼写法与威妥玛氏拼写法的对应关系[J]．重庆师院学报(哲学社会科学版)，1985(3)：89-91.

一、合音的利用

合音在古汉语、普通话口语和一些方言中经常可以听到①。古汉语的“诸”是“之于”的合音，“不可”合成“叵”等。普通话中“这一”“那一”分别合为 zhei，nei。河南方言中，“不知道”念成“不着”，“四个”念“梭”。在英语中，“It is”也可以合成“It's”，“That is”也可以读写成“That's”，与汉语有异曲同工之妙。但是合音现象相对正常的音节发音来说，还是不多的。一些相声演员抓住了这一点，恰当地设计出了语言包袱。例如卢鑫、玉浩的相声：

卢鑫：现在场上带球的这名球员是罗纳尔滴尿。

玉浩：等会儿，谁？

卢鑫：罗纳尔滴尿。

玉浩：让他向前一小步。

卢鑫：为什么嘞？

玉浩：还为什么嘞？你让他上医院查查去吧。罗纳尔迪尼奥！

卢鑫：尼奥，尿！罗纳尔滴尿！

玉浩：非得让他滴着尿。

——卢鑫、玉浩《相声新势力》

上例中，“尼奥”的读音本来是“ní' ào”，这两个音节快速念时合并在了一起，跟“尿”的读音 niào 非常像，卢新巧妙地利用了这一点。而“尼奥”前面的“迪”正好跟“滴”同音，于是“迪尼奥”就成了“滴尿”，球星“罗纳尔迪尼奥”的名字就变成了“罗纳尔滴尿”。因为合音现象不太常见，这个运用合音制造的语言包袱让观众感觉很意外，等演员解释完为什么后，又感觉很自然，现场幽默效果很好。

---

① 孙红举．论汉语合音现象的研究[J]．西南大学学报(社会科学版)，2014(1)：115-124，175.

网络时代，时髦小青年时不时创造出一些新的表达方式。有些网络新词就是小青年们有意识地利用合音原理创制出来的。例如：

世界上最酷的10个停车场，你“造”吗？
“表酱紫”说，我没男票。
女神，我要“鼓穷气”对你说：我“宣”你。

这几个例子中的“造、表、酱紫、鼓穷气、宣”都是运用合音造出来的词，来源分别是：

知道 zhī dào——造 zào
不要 bú yào——表 biǎo
这样子 zhè yàng zi——酱紫 jiàng zǐ
鼓起勇气 gǔ qǐ yǒng qì——鼓穷气 gǔ qióng qì
喜欢 xǐ huan——宣 xuān

“这样子”的读音被合成“酱紫”，“不要”被合成“表”，“知道”的读音被合成“造”，“起勇”被合成“穷”。有些合音词纯粹是口语中多音节念快的结果，有些合音词的创造则暗合了古代的反切注音思想，比如：“宣”就是取“喜”的声母 x 和“欢”的韵母 uan 造出来的。合音造词的动力是追求前卫新奇、幽默诙谐的表达效果，显示了年轻人标新立异、叛逆创新的意识①。

二、拆音的利用

有合就有分。跟合音相反的是拆音，把一个字一个音节拆成几个字几个音节来读。例如情景喜剧《武林外传》中就巧妙地将“滚”拆成“哥屋恩”：

郭芙蓉：放心吧，以后我再也不对你动手动脚的了。

---

① 张肖艺．网络合音新词语探析[D]．青岛大学，2016.

吕秀才：真的假的？

郭芙蓉：真的。你赶紧去找你那既贤惠又能干，而且还特有爱心的无双去吧，那只猫你也不用杀了，以后你就搂着它睡就好了，啊！

吕秀才：芙妹……

郭芙蓉：哥—屋—恩—！

白展堂、大嘴：什么意思？

吕秀才：我知道。“滚”，我滚我滚。

——《武林外传》第51集台词

“滚”的拼音是gǔn，其实由g、u、en构成的。声母g的读音近似于“哥”，韵头u的读音近似于“乌”，en的读音近似于“恩”，于是顺理成章地被拆成“哥屋恩”，这么妙的点子亏编剧想得出来！

拆音词“哥屋恩”出现是为了避免粗俗，它在书面上更具有调侃和戏谑的味道，比单纯的原词更加委婉、优雅。

拆音是有条件和规则的。被拆的声母经常可表示为同音的字。汉语的声母在教学时为了方便学生听清楚，一般都会在声母辅音后加一个相应的元音，因此声母本身实际上就是一个音节，书面上可以是一个字。比如：b、p、m、f后面都加了个o，念成bo、po、mo、fo。这样一来，声母b、p、m、f就可以拆成“播波、颇坡泼、摸么、佛”等字。同理，d、t、n、l、g、k、h后面都加了个e，念成de、te、ne、le、ge、ke、he。j、q、x后面都加了i，念成ji、qi、xi。zh、ch、sh、r念成zhi、chi、shi、ri，z、c、s念成zi、ci、si。所以，声母其实都可用同音的字来表示。

至于韵母，汉语的韵母本来就可以不要声母而独立成为音节，这就是零声母音节，书面上也是字。

总之，汉语的音节特点奠定了拆音和合音的发音基础，使人们通过巧妙拆音和合音造出新词成为可能。语言艺术家们正是利用这一点找到了汉语独特的幽默技巧，创作出了中国独有的语言笑料。

第二章　现代汉语语义的应用

第一节　词义的感情色彩的应用

一、中性与褒贬的选择

2015年6月9日凌晨，河北沧州肃宁县发生特大枪击案，造成群众2死3伤，公安干警2人牺牲、2人受伤。在当晚央视新闻频道《新闻1+1》节目中，央视著名新闻节目主持人白岩松在介绍这一新闻事件时，用的词是公安干警“死亡”，而不是“牺牲”。在介绍杀死4人、杀伤5人的犯罪嫌疑人时，白岩松说“是什么原因让这个五十多岁的老汉端起了枪”，也没有用“犯罪嫌疑人”，而用“五十多岁的老汉”。这引起了部分网民尤其是警察网友的不满。显然，他们认为应该使用“牺牲”“犯罪嫌疑人”等词。

那么，“死亡”与“牺牲”有何不同呢？“犯罪嫌疑人”与“50多岁的老汉”有什么不同？这涉及词语意义的感情色彩问题。

词的意义并非完全对应于客观世界的事物。人们在认识世界时往往会加入自己的主观情感、主观评价，因此语言的意义也包括反映人们主观认识的那一部分意义。客观现实反映在人的大脑中就形成了认知世界，也叫心理现实，而语言反映的就是人脑中的心理现实。语言中的有些词专门表达人对世界的主观态度、情感，比如表示心理的词“爱、恨、羡慕”等，表示认知活动的词“打算、认识、认为”等。另有一些词在表达主要客观意义的同时还附带有某种主观评价方面的意义，或说修辞意义。主要的客观的意义一般叫理性意义，附带的主观意义或修辞意义一般叫色彩意义。理性意义是词所表示的客观世界中的事物、现象及其关系的意义。因为理性意义是与概念相对应的部分，所以也称概念意义。比如，“狡猾”的理性意义是“(人)很聪明，面对问题能够想出很多解决办法”，而“愚蠢”的理性意义是“(人)不聪明，面对问题想不出很多解决办法”。理性意义既规定了主体反映客观存在形成的意义内涵，同时也划定了词所对应的客观存在的外延。比如“狡猾”的意义只体现了“狡猾”特定的内涵，涵盖该现象的外延，不能包括“愚蠢”等任何其他现象。一个人属于“狡猾”的人，就不会属于“愚蠢”的人。理性意义可单独存在，也就是说，有些词可以没有色彩意义。比如，“日食”的词汇意义是：“月球运行到地球和太阳的中间时，太阳的光被月球挡住，不能射到地球上来，这种现象叫日食。太阳全部被月球挡住时叫日全食，部分被挡住时叫日偏食，中央部分被挡住时叫日环食。日食都发生在农历初一。”(《现代汉语词典》)这些词语常见于比较理性的科普文章中。

色彩意义是概括反映客观对象的次要属性而形成的，所以是附属意义。色彩意义自身不能独立存在，而是依存于词汇意义存在的。比如“狡猾”的适用对象是敌人、对立方，具有“憎恶”的贬义感情色彩。但是这个“憎恶”的意义并不能单独存在，必须与“聪明”的意义结合在一起，形成“狡猾”的意义。对客观对象不同侧面的次要属性的概括性，形成了色彩意义的不同类聚。主要表现为感情色彩、形象色彩、语体风格色彩、时代色彩、地方色彩、网络色彩等。

感情色彩主要反映主体对客观对象的情感倾向、态度、评价等内容。感情色彩一般分为褒义、中性义、贬义等。褒义指说话人对事物的赞许褒扬，含有褒义的词叫褒义词；贬义指说话人对事物的憎恶厌烦，含有贬义的词叫贬义词。除此之外，还有不能体现特殊情感倾向的中性感情色彩，含有中性义的词叫中性词。例如：

褒义词：勉励　成果　坚定　机智　自豪　果断
贬义词：怂恿　后果　顽固　狡诈　骄傲　武断

中性词：鼓动　结果　坚固　聪明

有些表示纯概念的词经常没有情感倾向，也就是中性词，如“牡丹、焦点、结合、山、水、跑、走”等。

从上文可以看出，“死亡”与“牺牲”的不同在于感情色彩方面：“死亡”是中性词，而“牺牲”是褒义词。“犯罪嫌疑人”与“50多岁的老汉”也是感情色彩不同：“犯罪嫌疑人”是中性词，“五十多岁的老汉”本来也是中性词，但是在这个语境中有褒义。就这个新闻事件而言，一般来说，警察是为正义事业而死亡，在这个语境中要体现出说话人的褒扬倾向，应该用“牺牲”。网友们(主要是警察)对白岩松感到不满的，本质上不是使用“死亡”这个词，而是使用这个词所体现的爱憎态度。

后来，有人问白岩松为什么这么用词，他解释说：“我们在制作这期新闻的时候，枪击案刚发生了几个小时，直播是在当天，几乎所有的事情是问号。调查报告是昨天才出来的，已经过去了八天。当时警方也没有说法，我上节目就是引用警方官方微博，它也是采用一个非常中性的说法。”“我在这里特别强调，(当时)没说他是不是精神病人，也没说他到底是自杀还是被击毙的等，都是未知的。”“当所有事实未清楚的时候，必须首先采用中立的词汇，这是新闻的准则。”“在过去，我们新闻刚刚开始发生的时候，就立即下定义，导致的教训和错误很多。稍微查一下资料，庆安枪击案的过程中，由于第二天县领导慰问干警，引发了媒体和公众的轩然大波。因为大家会认为，在事实未清楚的时候，就让‘慰问’表达了一种定义，这是不可以的。所以，新闻要有新闻的准则。尊敬和尊重都是一定会到来的事情，为什么要着急在新闻发出的这一瞬间呢？”①

原来，新闻中立的准则决定了白岩松必须选用中性词，以前有过早使用褒义词“慰问”但却不妥的反面事例，他有他的道理。

---

① 白岩松回应肃宁枪击案报道：不是做《感动中国》[EB/OL]. http://news.sina.com.cn/c/2015-06-18/181631966118.shtml.

网络上，经常有人把演员看成下等劳动者，认为自己高人一等，使用“卖唱”“戏子”之类的贬义词来描述演员，显示出他们落后、不正确的等级观念。如一个新闻标题是“昔日玉女酒井法子登豪华邮轮卖唱显老态”。

有些外国朋友在学习汉语时常常搞不清词语的感情色彩，写出了很多令人啼笑皆非的句子。例如：

> 我记起小时候我很**吝啬**，所以我有很多钱，当时我哥哥没有钱，就借钱给他。

你吝啬还借钱给哥哥？其实他想说的词是“节约”。又如：

> 母亲为了干家务活而不上学了，有许多事等着她来做，母亲才十二岁就是全家主要的劳动力。所以我很早就明白了，也正是少年时母亲的经历造就了母亲**争强好胜**的性格。

“争强好胜”带有贬义色彩，应该是“自立自强”。

这些事例说明，我们在日常谈话写作中使用词语时，一定要注意词语感情色彩是否恰当。经常见到的情况是，在描述同一事件时，由于参与者的立场不同，他们所用的词褒贬色彩也不同。比如，一位家长因孩子被欺负去学校跟校方交涉，后来家长说校方“训斥”他，校方说他们一直在与家长“沟通”。到底是贬义的“训斥”还是中性的“沟通”，真实情况恐怕很难说清楚。

二、感情色彩的改变

词语的感情色彩在一定的语境中还会发生改变。

2015 年 4 月 20 日，“中国第一狗仔”卓伟在其微博分享了一篇“全民星探”发布的文章，该文以“章子怡汪峰领证蜜月会友妇唱夫随”为标题，但卓伟在转载时另外取了个微博标题——“赌坛先锋我无罪，影坛后妈君有情”。该文在网络上被迅速传播，引起汪峰的不满，汪峰遂向法院起诉卓伟侵害其名誉权。

汪峰认为，卓伟随意在他的个人微博上以“赌坛先锋”对其进行侮辱诽谤，公然贬损其人格和形象，误导社会公众对其的评价，严重侵犯了其名誉权，给自己的身心、声誉带来了极大伤害，故诉请法院判令案件的被告停止侵权，删除涉诉文章，在微博发表致歉声明，并请卓伟赔偿精神抚慰金和经济损失等。汪峰的律师在接受媒体采访时表示，“赌坛先锋”是带有贬义的。

卓伟的律师则认为发布的内容都是属实的，“在网上可以看到汪峰多次去澳门和其他国家进行赌博行为，汪峰还参与了德州扑克大赛，这个活动被相关部门定性为聚众赌博，这是违法行为。所以我们认为说他跟赌博沾边，是没有任何过错的”。此外，卓伟的律师还表示，“赌博”在一些国家是合法的，所以从词义上看“赌博”并不是贬义词，“先锋”更是褒义词①。

那么“赌坛先锋”到底有没有贬义呢？首先我们来看“先锋”。“先锋”含有先进的意思。《现代汉语词典》对“先锋”的解释是：“作战或行军时的先头部队，旧时也指率领先头部队的将领，现在多用来比喻起先进作用的人或集体。”我们小时候都加入过中国少年先锋队，我们经常说“中国共产党是中国工人阶级的先锋队”，从这些例子可以看出，毫无疑问“先锋”是个褒义词，连卓伟也是这样认为的。至于“赌坛”，在我们国家，赌博是不被允许的，是一种非法行为，政府一直在打击各种赌博行为，因此在国内这个文化语境中，“赌坛”是一个贬义词。结果，“赌坛”这个贬义词与“先锋”这个褒义词结合起来，意思就成了“赌博行业中的佼佼者”。因为“赌坛”是一个贬义词，所以整个词组有很强烈的贬损意义。“赌坛”已经有贬义，你还是赌坛中最厉害的，那自然有更重的贬义。所以，汪峰对此不满。

从这个事例可看出，有些词在语境中会改变自身的褒贬色彩。像上面的“先锋”就是指语境中由褒义变为贬义。有的词则相反，由贬义变为褒义。“骄傲”本是贬义词，指自负而轻视别人，比如

---

① 汪峰起诉卓伟侵害名誉称“赌坛先锋”有贬义[EB/OL]. http://www.chinanews.com/yl/2015/07-24/7426337.shtml.

“谦虚使人进步，骄傲使人落后”。但现在我们常说“值得骄傲的光荣历史”“值得骄傲的美德”，这时“骄傲”就是褒义的“自豪”意思了。

有的词本是中性词，但是在一定的语境中变成了褒义词。“水平”本是中性词，但在“有水平”中却变成了褒义词，因为“有水平”的意思并不是“具有一定的水平”，而是“具有很高的水平”。同样，作为中性词的“朋友”在“够朋友”中也变成了褒义词，因为“够朋友”的意思并不是“有资格做朋友”，而是“是很好的朋友”。

还有的中性词在一定的语境中变成了贬义词。“一次性”经常用在这些词组中：一次性纸杯、一次性餐具、一次性用品、一次性口罩、一次性手套、一次性筷子……显然这是个中性词。2015 年的武汉网球公开赛上，中国网球女选手表现不佳，单双打未能有人突破首轮。糟糕的表现被记者称为“一次性”登场。这种说法让两次网球大满贯冠军得主、网坛“大姐大”李娜十分不满。她说：“如果是‘一次性’的话，这个词我觉得最好不要用了。我觉得使用这个词是对所有运动员的侮辱，我希望所有的网球运动员上场，大家都不要用这个词语来形容她们了。”显然李娜觉得这儿的“一次性”是个贬义词。

还有的词在外语的专业领域中是中性词，但翻译成汉语后在汉语日常语境中成了贬义词。“野蛮人”和“恶意收购”就是其中一例。2015 年 6 月宝能系公司持续买入从事房地产业务的深圳万科公司股份，到 12 月持股比例已达 22. 45%，成为万科第一大股东。如果宝能系持股比例达到 30%，将会成为控股股东。从宝能系公司买入万科股份一开始，万科集团创始人、董事会主席王石就表示：不欢迎宝能系成第一大股东，因为其“信用不够”，其行为是“恶意收购”。由于恶意收购的风险资本家在西方往往被称作“野蛮人”，因此媒体往往把“野蛮人”和“恶意”连在一起。2015 年 8 月 27 日，王石在微博上直接将宝能系持股称作“野蛮人强行入室”。从汉语的日常语境来理解，“野蛮”和“恶意”都带有不尊重人的贬义色彩。结果，在网络上宝能系公司老板姚振华成为一个负面的“野蛮人”形象。后来王石还为此道歉说：“如果姚先生觉得野蛮人的形象是我造成的话，我对姚先生表示歉意。”

实际上，在证券领域“恶意收购”是中性词。王石自己解释说，“我的‘恶意收购’是一个中性词”，“这个恶意收购相对善意收购，善意收购就和管理层的团队、董事会协商好，双方你情我愿，你想进来我欢迎你进来”，而“不经过商量，不在乎对方意见，而去强行控制就是恶意”。

金融领域所说的“野蛮人”也是中性词。这个称谓源于美国记者布赖恩·伯勒撰写的《门口的野蛮人》(*Barbarians at the Gate*)，此书详细记录了20世纪最著名的恶意收购。杠杆收购之王KKR只用了不到20亿美元，就撬动了250亿美元，控制了雷诺兹纳贝斯克烟草公司，并最终将其分拆。自此，“门口的野蛮人”被用来形容那些不怀好意的收购者。因此，在金融领域“野蛮人”专指这样的收购者和收购行为，并无贬义。首先“野蛮人”被从英语翻译成了汉语。其次，“野蛮人”本来是金融证券领域的专业词汇，但是在汉语社会语境中部分人可能会按照普通词汇来理解。结果，经历了这两个转变的过程，“野蛮人”被普通网友理解为贬义词。

以上这些事例说明，褒义词、中性词、贬义词在一定的语境中是会变化的，因此我们在日常交际、写作中要注意所用词语感情色彩的变化，恰当地使用它们。

第二节　词语语体色彩的应用

古时候，有个秀才夜里被蝎子蜇了，疼得直喊：“贤妻，速燃银灯，尔夫为毒虫所袭！”可连叫几声，却不见有动静。原来他的“贤妻”听不懂他说什么，正在拼命琢磨呢。秀才疼得实在受不住了，便大声嚷道：“老婆，快点灯！我让蝎子蜇着了！”他老婆说：“你早这样说不就完了，疼死活该！”

这个故事当然是杜撰的，因为秀才和他妻子后来说的是现代汉语。故事想表达的是，秀才把平时写文章用到的文绉绉的词用到口语里，结果差点误了自己的性命。看来他不懂词语的语体色彩意义。

前面我们提到，词除了有理性意义外，还有色彩意义，并重点谈了谈感情色彩的运用。语体风格色彩是色彩义的又一种重要类别，指词义中所反映的词的语体倾向、特征、烙印。通俗地说，就是“到什么山上唱什么歌”，在什么场合用什么词，这样做都是为了语言信息的流畅传达，为了交际的顺利进行，因此每个词都有自己的使用场合。不仅如此，这个场合还决定了我们应该如何运用语音、语法、修辞等，最终形成了一个适合该场合的在语音、词汇、语法、修辞等方面有独特特征的语言表达体系，这就是语体。在某个交际场合，如果不使用适合该语体的语音、词汇、语法、修辞等，可能就会不得体，会影响交际效果。交际场合首先可以分为日常会话场合和书面书写场合，日常会话场合主要是“说”汉语，书面书写场合主要是“写”汉语，因此语体首先分为口语语体和书面语语体。口语语体的特点是追求通俗易懂；书面语语体的特点是注重庄重典雅。日常会话交际的目的是正确快速地传递信息，用词造句朴实自然，没有过多的修饰，不追求华丽的言辞，短句多，常用词多。书面书写交际的场合特别多，大致可分为科技语体，政论语体、文艺语体、事务语体。新兴的语体有广告语体、法律语体、网络语体。科技文章多侧重说明和论证，语言一般要求精确、严谨、简洁；政论文章旨在宣传、鼓动、教育，语言一般生动、严密、繁复。文艺写作是运用语言塑造艺术形象的创造性活动，因此语言往往生动、形象、独特。事务语体是社会团体之间和个人之间处理各种社会事务时使用的一种语体，比如公文、法律文书、借据、介绍信、邀请函等。这些文书要求语言平实、简明，有固定格式和专用术语。市场经济的发展带来商业繁荣，于是广告成为语言生活中的常客。广告本质上是一种信息传播活动，时间短，信息传播性强，以受众能够快速、大面积接收到信息为最终目的，其语言凝练简短，多利用谐音、押韵、双关等手段创造新词新句。随着互联网的发展，即时通信工具QQ、微信、微博、Facebook、Twitter等先后兴起，通过互联网进行交际成为人们日常生活的重要部分。大量的网上交际场景催生出一些只在网上使用的词语和句子。比如：

“亲”是淘宝店主对顾客的亲昵称呼，“酱紫”是聊天时“这样子”的说法，“斑竹”是指版主。网上聊天或交流早期都是通过打字来实现的，因此这些词语其实是让对方看的，并不需要念出声。有的词语完全是因为可视性被赋予了新的意义，比如“囧”字本来是个生僻字，现代汉语极少用，《现代汉语词典》没有收录，《康熙字典》收录有，本来的意思是“明亮、光明”。但是这个字的字形很像人尴尬时的面部表情，读音又跟“窘”同音，读起来很容易跟窘境、窘况联想在一起，网友们就把这个“死”字从历史中救活了，赋予它“尴尬”“无奈”“真受不了”等意思。基于可视特点，网上还出现了很多字母词、数字词，如“GF(女朋友)”“9494(就是就是)”等。

本节开头的故事里，秀才所说的“速燃银灯，尔夫为毒虫所袭!”是典型的书面语，而且是文言文。秀才用词典雅，句子简练，然而不宜听懂，影响了信息的传达。据语言学家们研究，自东汉以后，人们的口语已经与书面语逐渐脱离，差别很大。这种情况下，把书面语用在口语交际中，不但难以理解，还会被人们称为“掉书袋”。类似的例子屡见不鲜。有一个小青年，被调去搞人口普查工作。他到一户人家调查时，问一位没有文化的老太太：“您有配偶吗?”老太太说：“什么？藕？水塘里多得很，你要不要？”“配偶”是书面语中的词汇，小青年只会机械地照着调查表上的词语问询，不知得换成相同意义的口语词，结果引起误解。

用于网络语体的词要是出现在现实生活中，也会带来交际失误。小王是超市导购员，标准的“90后”。有一次，一位60岁左右的大妈路过饮品区，她迎上去说：“亲，今天的牛奶搞活动，过来看看吧!”大妈皱了皱眉头：“亲？谁跟你亲啊？”说完就走了，剩下小王站在那儿一脸尴尬。你把网络中的“亲”，用在现实生活中，难怪60岁的大妈不懂。无独有偶，2012年央视春节联欢晚会上，刘欢的一曲《大爱》也是以典型的淘宝语境“亲”开头：“亲，就在我的面前。亲，延伸我的视线。”但是这些网络热词却让一些习惯了中规中矩的表述方式的“老人”们大呼“吃不消”，跟不上形势。可就连这“吃不消”，也被网友们迅速纠正——请说“伤不起”。

汉语中的近义词是外国朋友学习汉语的难点。实际上，很多近义词的不同仅仅是语体色彩的不同，外国学生不懂这一点，造出了令人啼笑皆非的句子。一个泰国学生造句："新闻里说每年走了560人，因为他们喝酒开车。""走"是人死了的委婉说法，但是新闻中却没必要委婉，所以不该用"走"，应该用"死"。另一个学生恰恰相反，该委婉的时候没有委婉，造出的句子是："奶奶在八月份的时候死了，我很伤心。"其他的如：

(1)本人熟练地运用计算机，有了计算机六级证书。(应该用书面语色彩的"获得")

(2)本人于2003年10月得了10级汉语水平证书。(应该用"获得"或"考取")

(3)爸妈总是给孩子无尽的爱。(应该用"父母"，爸妈是口语的当面称呼语)

第三节　汉语多义词的应用

一、词的引申义的运用

赵本山的小品幽默逗趣，可谓家喻户晓，其中之一是《昨天　今天　明天》。这个小品是他和宋丹丹、崔永元合作的，在1999年中央电视台春节联欢晚会上演出。中间有一段是这样的：

小崔(崔永元)：今天的话题是"昨天、今天、明天"。我看咱改改规矩，这回大叔您先说。

黑土(赵本山)：昨天，在家准备一宿；今天，上这儿来了；明天，回去，谢谢！(乐队奏乐)挺简单！

小崔：不是，大叔我不是让您说这个昨天，我是让您往前说。

白云(宋丹丹)：前天，前天俺们俩得到的乡里通知，谢谢。

小崔：大叔大妈呀，我说的这个“昨天、今天、明天”呀，不是——“昨天、今天、明天”……

黑土：是后天？

小崔：不是后天……

白云：那是哪一天呢？

小崔：不是哪一天。我说的这个意思就是咱，这个——回忆一下过去，再评说一下现在，再展望一下未来。您听明白了吗？

黑土：啊——那是过去、现在和将来！

白云：那也不是昨天、今天和明天呐！

黑土：是，你问这——有点毛病。

白云：对，没有这么问的。

这一小段幽默效果很好，包袱密集，短短的一分钟之内就有四次笑声。这些笑声，说简单点，其实是精巧的语言段子带来的。那么这些语言段子精巧在哪儿？是怎么创作出来的呢？背后有何规律？

这得从“昨天、今天、明天”的词义讲起。“昨天、今天、明天”在现代汉语中有两种意义，分别是：(1)过去、现在、将来；(2)说话时的前一天、说话时的这一天、说话时的后一天。小品中崔永元想表达的是第一个意思，结果白云、黑土理解为第二个意思，产生了误解。从这儿看出，汉语的有些词具有多个意思，这样的词叫多义词。“昨天”“今天”“明天”都是多义词。这儿自然而然就出现一个问题：这多个意义是怎么来的？几个意义的出现没有一个先后顺序？

实际上，一个词最初出现时只有一个意义，有的自始至终就只有这一个意义。有的后来发展出其他意义。比如：“走”这个词，最初的字形如图 2-1，上面是“大”，像一个人甩开双臂，下面是“止”，“止”是脚趾的“趾”的本字，合起来的意思是跑。《释名》是东汉末年出现的一部讲解词义的书，里面说：“徐行曰步，疾行曰趋，疾趋曰走。”所以“走”最初的意义就是跑。一个词的这种最初的意义就叫本义。

图 2-1 “走”的古文字形

可是我们知道，“走”在今天，在现代汉语里最常用的意义是步行。这个步行意义就是后来从“跑”的意义发展出来的，最早的时间大约是汉代。无论是步行还是跑步，都是人体利用双脚交互向前移动，不同的是速度，所以前后两个意义之间还是有联系的。像这种由本义发展出来的意义，叫转义。根据发展方式的不同，又分为引申义和比喻义。

什么是引申义呢？拿“今天”来说，它最早的意义是表示“说话时的这一天”，大约出现在清朝末年。20 世纪三四十年代后才发展出“现在、目前”的用法，古汉语中这个意义得用“现今、方今、今”。“说话时的这一天”和“现在、目前”有显著的联系，都表示时间段，后者包含前者。更重要的是，“说话时的这一天”意义比较具体，与昨天、明天有明显的边界，是“现在、目前”中的人们感觉最实在、最明显的一段时间。当人们想表达“现在、目前”的意思时就会用这个显著的、具体的部分来指代模糊的、抽象的现在，正如用“大鼻子”来指代长着大鼻子的人。这样“今天”就有了表示现在、目前的意义。“说话时的这一天”是“今天”的本义，“现在、目前”就是从本义的基础上发展出来的引申义。可见，语言交际过程中人们经常会由甲事物联想到相关的乙事物。两个事物常常处于同一个语义场景或语义框架中，是同一个语义场景的不同侧面。甲事物往往比较具体、显著、很容易被人感知到，乙事物则相对抽象、模糊，不容易被直接感知到。在具体使用某个词语时，就会由指称甲事物发展到指称相关的乙事物，因此本义与引申意义之间存在着相关性联系。

常见的相关性联系或者相关联想有很多种。第一种，由具体联想到抽象。第二种，由部分联想到整体。比如，“花”最初仅仅指花朵，后来扩展到指整盆花，除了花朵之外，还包括叶子、茎，甚至是花盆。第三种，由事物的特征联想到这种事物。比如，“乌纱帽”本来是指明代官员头上戴的一种帽子，后来用这个帽子来指代戴帽子的这个官员所具有的职位。第四种，由动作主体的状态联想到动作。比如“脸红”是人们生气吵架时的面部状态，后来就用“脸红”指代吵架。第五种，由动作行为联想到动作行为的发出者、主体等。比如，“海归”本来的意思是从海外归来，是一种动作方式，但是后来发展出从海外归来的高级人才的意思。第六种，由事物联想到事物所具有的性质、状态、特征等。比如，“淑女”本来是指气质举止优雅的年轻女性，后来发展到指这类女子所具有的各种特征。这里只是列举出比较常见的相关联想，当然还有很多其他丰富的类型。

有一位外国留学生说，刚来中国听中国朋友说“买了一个苹果”，他以为买的是水果，结果被告知是手机。毫无疑问，这里的“苹果”指手机。那么“苹果”有没有表示手机的引申义呢？假如我想买一部手机，随便哪个品牌的，能不能说“服务员，我想去买部苹果”？显然这是不能的，“苹果”只能指苹果牌手机，并不能指所有的手机，“苹果”一词本身并没有手机的意思。像这样临时指代相关的事物，其实属于修辞里面的借代，并不是引申义。但是引申义和修辞上的借代有相似的地方，它们产生的机制都是相关联想，都是由甲事物联想到相关的乙事物。但是，借代只是一种临时活用，临时指代相关事物，而引申义是固定的指代，是词的固定意义。借代和引申义是有联系的，引申义形成的起点就是借代，如果某种临时的借代，被越来越多的人所使用，那么这种临时的指代，就会越来越固定。到了社会群体中的大多数人在使用时，就发展成为一种固定的引申义了。当你读到这儿，应该就明白赵本山小品《昨天　今天　明天》的逗趣秘籍了——小品的创作者巧妙地利用了“昨天”“今天”“明天”是多义词的语言要素。崔永元提问时采用的是这三个词的引申义，而白云、黑土回答时采用的是它们的本义。

喜剧小品是借助语言来刻画人物的艺术，“喜剧小品的语言，即台词，是喜剧表演的衣裳，它与行动是喜剧表演的两大支柱”①。喜剧小品的重要因素是喜剧情境，而喜剧情境的核心就是误会和巧合，制造戏剧误会和巧合最常用的语言手段之一，就是巧妙利用词语的多义，让一个词语在喜剧情境中产生歧义。

像这样的套路，在赵本山小品中一再出现。小品《说事儿》中白云、黑土拿出一本书《月子》，扉页上写着“愿”崔永元“一觉不醒”。台词如下：

白云：（对黑土）拿礼物。（对小崔）过节了，给你带个纪念品，（黑土拿出饭盒递给白云）你这小辈儿的你说……（发现不对，对黑土）啥玩意儿这是，真是的你这人儿……（黑土收起饭盒，拿出书）相当有纪念意义。

小崔：哎哟，大妈这《月子》都出版了。

白云：看扉页。

小崔：哎。

白云：扉页。

小崔：“谨以此书送给闹心的小崔，愿你看完此书……一觉不醒。白云大妈雅正。”

“一觉不醒”同样也是个多义词。表面是说，祝他睡好觉，祝愿他的抑郁症好起来，但观众会解读出这句话实际上也含有祝人死的意思，并为白云大妈的错误用词会心一笑。更重要的是，白云大妈用错词语符合她文化水平不高却总是高调展示自己的性格。

有些“脑筋急转弯”的题目也是利用词的本义和引申义创作出来的，比如：

两人在森林里行走，不小心掉进了猎人设的陷阱，结果一

① 周光，陈孝英．喜剧小品入门66问[M]．北京：中国戏剧出版社，2010：89.

死一伤，死的那个人叫死人，受伤的那个人叫什么?

这里的第一个“叫”意思是“称为，是”，如果以这个意义来理解第二个“叫”，那你的脑筋没有急转弯，这样想下去答案肯定不正确。第二个“叫”必须理解为“呼喊”义才算转弯了，问题变成了“受伤的那个人呼喊什么?”，答案是“救命!”。

二、词的比喻义的应用

知名情景喜剧《武林外传》里面的台词，也有很多利用多义词的情况，请看下面的两个片段：

(1)佟湘玉：不要说了，饺子，可爱的饺子，湘玉不能亲自吃你们，待会儿下了锅，你们一定要乖，一定要坚持，千万不要露馅啊，让他们看笑话。

白展堂：谁敢露馅啊，过来过来，把饺子给我放回去，放回去，谁敢露馅，大嘴，直接下油锅给我煎成韭菜盒子，把饺子带走!

佟湘玉：(拉住大嘴)饺子……

——情景剧《武林外传·第20集》

(2)白展堂：来来来，一会儿放点醋。

佟湘玉：听着，这是小郭第一次包饺子，不管好吃不好吃，大家都来捧个场，千万不要打击她的积极性。

吕秀才：未必会很难吃的嘛!

白展堂：是吗?那好，我给你展示一下，这，就是小郭和的馅。

吕秀才：这不挺好的嘛!

白展堂：好吗?你来看啊，这个东西学名叫作猪皮，上面还连着几丝晶莹的毛发。

李大嘴：还有这个，学名叫作白菜根，上面还沾着几粒春泥。

佟湘玉：以及这几块醒目的土豆皮，以及带着壳的虾仁。

吕秀才：这还能吃吗？

佟湘玉：不能吃也要硬吃，否则这事就没有完了，大家千万不要露馅啊。

——情景剧《武林外传·第20集》

这两个片段里面先后出现了两个“露馅”，第一个“露馅”是指，饺子的馅儿从皮儿里露出来了，第二个“露馅”是指不好的情况暴露出来了。很容易看到，两个“露馅”的意义有相似之处，都是某种不好的情况从某处暴露出来。但是，第一个“露馅”，意义比较形象、具体，第二个“露馅”意义较为模糊、抽象。显然，第二个意义是在一个意义的基础上发展出来的。说话人先知道第一个“露馅”的意义，后来，遇到一个场景，他想表达某种情况、某件事被暴露出去，被泄露出去。这时候呢，他想到了比较具体的“露馅”与此相似，于是就用“露馅”来代替这种情况。这样，“露馅”又发展出了抽象的意义。

这个意义是不是引申义呢？不是。因为从例子可以看出，后一个意义是在前一个意义的基础上经由人们相似联想而产生的，两个意义有相似联系而不是相关联系。相似联想是人类最常见的思维形式之一。许多伟大的发明，就是依靠相似联想想出来的，比如古代中国的木匠鲁班根据叶子边缘有齿而发明锯，当代瑞士的工程师米斯特劳根据苍耳的黏附原理发明了维可牢魔术贴。逻辑学中的类比推理，也是一种相似联想，现代仿生学研究的基本思路也是相似联想。语言是人类思维的工具，语言要模拟、表达人脑中的客观世界，它的方方面面都离不开相似联想，词汇当然也不例外。因此，有些意义的发展演变基于相似联想，一点也不奇怪。演变的起点往往比较具体，叫本义，如上文的第一个“露馅”。在本义的基础上经由相似联想发展出来的意义叫作比喻义，第二个“露馅”就是。本义一般比较具体、常见、明晰，易感知；比喻义一般比较抽象、罕见、模糊，不易感知。常见的相似联想还有很多，比如：

包袱：比喻某种负担。

皮毛：比喻表面的肤浅的东西。

漂白：比喻通过某些手段，把非法所得变成合法所得。

计算机又叫“电脑”，这里的“脑”就是源自人脑的比喻义。有意思的是，电脑成为人们熟悉的事物后，有人又用它来打比方指人脑。两人交谈时，一个人说：“我的内存太小了，一下接受不了那么多。”这句话“内存”显然是指人脑的记忆量。它是不是比喻义呢？内存是电脑的部件之一，全称是“内部存储器”，其作用是暂时存放 CPU 中的运算数据以及与硬盘等外部存储器交换的数据。在存放信息和数据这一点上，它和人脑相似，所以年轻人用“内存”来表示大脑。但是，并不是所有的场合都能这么用，比如，“慢性酒中毒会导致广泛性大脑损害”，不能换成“慢性酒中毒会导致广泛性内存损害”。这说明“内存”表示大脑只是临时用法，并非固定用法。这样的情况其实是一种修辞现象，属于比喻修辞格里的借喻。比喻义跟修辞上的比喻手法，既有联系，又有区别。二者都是基于相似联想而产生的。不同之处在于：比喻属于修辞上的临时打比方；而比喻义是词的固有意义，非临时活用。跟借代和引申义的关系一样，比喻手法和比喻义也是有联系的。比喻义形成的起点就是比喻手法，如果某种临时的比喻手法，被越来越多的人所使用，那么这种临时的比喻意义，就会越来越固定。到了社会群体中的大多数人都在使用时，就发展成为一种固定的比喻义了。

现代社会，网络无处不在。网络是对现实社会的虚拟，相似性是其基本性质，因此很多网络词汇的意义都是比喻义，由表示现实社会事物的本义发展而来。大约是 1998 年，那时互联网在中国还不普及，笔者回到乡下农村，见到小学老师。他说：“一开始听说电脑有病毒，我很奇怪：电脑怎么会生病呢？”他以为“病毒”是使人生病的那种病毒，实际上此“病毒”非彼“病毒”。“病毒”的本义是引起疾病的病原体，一般比病菌小，用显微镜才能看得见。而电脑的“病毒”并非是生物学概念，它是指编制者在计算机程序中插入的破坏计算机功能或者数据的代码，能影响计算机使用、能自我复制的一组计算机指令或者程序代码，具有传播性、隐蔽性、感染性、潜伏性、可激发性、表现性或破坏性。它们能够快速蔓延，又常常难以根除。它们能把自身附着在各种类型的文件上，当文件被复制或从一个用户传送到另一个用户时，它们就随同文件一起蔓延开来。在自我繁殖、互相传染以及激活再生等方面，计算机病毒和生物病毒是极其相似的，所以人们才用生物学上的"病毒"来指计算机恶意程序。其他类似的网络或计算机词汇有"菜单""桌面""潜水员""数据打包""冲浪""窗口""文件""文件夹""安装""卸载""粘贴""访问""回收站"等。

从以上讨论可看出，一个词如果有多个意义，那么这几个意义的出现是有先后顺序的，意义之间有引申或比喻的联系。有些常用词的本义"繁殖"能力比较强，既发展出了引申义，也发展出了比喻义。如"头"，本义是人身最上部或动物最前部长着口、鼻、眼等器官的部分。但是我们经常说某个人留着平头、分头，这个"头"是指头发或头发样式，是引申义。头发是长在头上的，是头上比较显著的事物，所以"头"引申出"头发"的意思。我们也经常说，"单位的头儿"，"公司的头儿"，这个"头"指单位的领导，是比喻义。人体的头，里面有大脑。大脑是人行动的指挥机关，单位的领导是一个单位的指挥者。两者有相似的地方，所以人们用"头"指单位的领导。

三、多义词的综合运用

多义词是自然语言的常见现象。它是双关、别解等修辞手法的构成基础，在一些广告、短信、小品、相声、情景剧、"脑筋急转弯"、歇后语创作中被广泛利用。

双关是利用音义等语言要素，有意使语句同时具有表面和内里两种意思，言在表面而意在内里。词语的多义性正是其利用的语言要素之一。比如有这样一则短信：

> 明天你醒来，枕边躺着一只蚊子，身边有一封遗书，上书：我奋斗了一晚，也没能刺破你的脸，你的脸皮真厚！

短信最后一句的字面意思是，你的脸表皮厚度大，这个“厚”与“薄”相对，跟“书很厚”的“厚”一个意思；但是“脸皮厚”，还有“不知羞耻”的意思，所以整句话暗含你不知羞耻的意思。再看一则鞋油广告：

第一流产品，为足下争光。

显然，“足下”字面意义指“脚下”，整句话的意思是，用了我们的鞋油，你脚下就明亮了，有光彩了；但是“足下”，还是对朋友的敬称，所以还有“为您争光”的意思。公园里的宣传标牌，也经常用这个词，比如“小草青青，足下留情”。类似的例子还有理发店的广告“美丽人生，从头开始”。如图 2-2 所示。

图 2-2　双关语运用

有些歇后语也是利用多义词形成的。这种歇后语表面说某种意义，实际想表达的是另一种隐藏的意义。比如，下列例子中的“四分五裂”指抽象事物的分裂，“靠边站”指人被排挤，“两面光”指人左右逢源。

炸香了的炮仗——四分五裂。
马路上的电线杆——靠边站。
快刀切豆腐——两面光。

曲解是对某些词语的意思有意地进行歪曲的解释，以满足一定的交际需要的修辞手法。运用曲解可形成幽默诙谐的语言特色，用以增加轻松愉快的谈话气氛，或达到辛辣嘲讽的效果。有的曲解是利用词的多义构成的。《武林外传》的台词就经常运用这种手法。例如：

(1)吕秀才：哎哟，千辛万苦拿这些馒头。
众人：是偷的！
秀才：不是偷，是拿；偷者，不告而拿也！
白展堂：你告谁了，告谁了？
吕秀才(指着大嘴)：告他了。
李大嘴：你还敢告我，你告我啥呀？(第10集)

(2)李大嘴：没扇子你不会用嘴吹啊？没脑子！哎哎哎，先把衣服给我拧干了，再敢丢三落四的我炒了你！
莫小贝：吃人是犯法的！(第18集)

例(1)中吕秀才说的"告"指的是告诉，李大嘴曲解成告状；例(2)中李大嘴说的"炒"指的是解雇，被莫小贝曲解成烹调方法，喜剧效果由此而生。

在计算机进行自动翻译时，多义词常常是难点。一个多义词，在具体的语境中究竟应该选择哪一种意义，对计算机来说是一个难题，因为这需要多方面的语境知识来判断。有时这种语境知识既包括科学知识，还包括人以前的经验。在这些方面计算机显得捉襟见肘，无能为力。比如：

你老这个样子可不行。(多义词"老")
You do not like this old. (谷歌翻译网站的翻译)

这个"老"的意思是"总是""经常"，但是计算机并没有分析正确并翻译出来。

多义词也是外国人学汉语的常见难题。还是刚才那个

"老"。一个中国女孩找了个外国老公。这外国老公有一次问她："婆婆是什么意思？"女孩没想太多就告诉他："For example, I call your mother'婆婆' in Chinese."过了好久，她老公又问她："为什么你的同事说我要叫你'老婆'？"女友这才明白他老公为啥困惑了，她管他妈叫婆婆，而女友竟然是"old 婆婆"，自然是搞糊涂了。

一个来中国学汉语的外国小伙子和几个中国朋友在饭店吃饭，其中一个中国人说："我去方便一下。"这个外国小伙子不解其意，便问："方便，什么意思？"有人回答："方便就是去卫生间。"有一天，一个女学生要去拜访他，给他打电话："我在您方便的时候去。"小伙子听了急忙说："您什么时候都可以来，就是我方便的时候不能来。"

第四节 汉语同音词的应用

一、汉语的同音词及其特点

2002年中央电视台春节联欢晚会上，赵本山等人表演了小品《卖车》。中间有个逗趣效果很好的片段，如下：

赵本山：请听第二题。
范伟：说！
赵本山：说你们家的小狗为什么不生跳蚤呢？
范伟：因为我们家的小狗讲究卫生。
赵本山：错！媳妇儿答。
高秀敏：因为狗只能生狗，生不出别的玩意儿来。
赵本山：正确！
范伟：你……你是"出生"的"生"啊！
赵本山：哈哈……
范伟：那你……

赵本山：请听题！

范伟：你来。

赵本山：树上“qí”个猴，地下一个猴，加一起几个猴？

范伟：八个猴。

赵本山：错误！

高秀敏：俩猴！

赵本山：正确！

范伟：怎么地？

赵本山：树上骑个猴，地下一个猴，加一起俩猴。

范伟：骑……骑着呀？

高秀敏：“骑马”那个“骑”。

范伟：你那是谐音。

赵本山：啥是谐音，我咋没说蹲个猴呢？

范伟：再来一个。

赵本山：再来一个。

高秀敏：别答了。

范伟：你别！

赵本山：请听题！

范伟：说。

赵本山：树上“qí”七个猴，地下一个猴，几个猴？

范伟：俩猴。

赵本山：错！八个猴。

范伟：怎么地咧？

赵本山：树上骑七个猴，地下一个猴，八个猴。

范伟：这回骑七个了啊，那树受得了吗？

赵本山：你别管树受得了不，它掉下来也是八个猴。

这段小品有两个笑点，一个是“生”，一个是“qí”。范伟理解的“生”是“产生”，但是高秀敏指出，这个“生”是“生育”的意思，两个“生”的意义之间是有联系的，因此这个笑点是利用了“生”的多义。第二个“qí”①，可以是数字“七”，也可以是骑马的“骑”，这两个“qí”，是不是多义词呢？不是！因为，“七”和骑马的“骑”，在意义上毫无联系，只是读音相同，像这样的情况，叫同音词。同音词跟多义词有几点不同：第一，多义词是一个词，而同音词是两个或多个词；第二，多义词的几个意义之间，有引申或比喻的关系，而两个同音词的意义完全没有关系，不存在前后发展的过程；第三，多义词在书面上是一个词，同音词在书面上，有时显示为一个词，有时是几个不同的词。

汉语的同音词分为两类：一类是同形同音词，另一类是异形同音词。同形是说字形是一样的，异形是说字形不一样。前者如：

别（分辨）—别（插挂）—别（不要）—别（离别）
仪表（人的外表）—仪表（测量仪器）
黑车（黑色的车）—黑车（非法的车）

同形同音词在词典中会分几个词列出，在词头分别用上标的1、2、3等数字来表示，如两个“仪表”在《现代汉语词典》中表示如下：

【仪表】[1]yí biǎo 人的外表（包括容貌、姿态、风度等，指好的）：~堂堂。

【仪表】[2]yí biǎo 测定温度、压力、电量等各种物理量的仪器。

后者如：

事—是—世
销售—消瘦

① 东北方言中，“七”念qí。

报复—抱负
形成—行程

同音还分狭义和广义。狭义的同音要求声母、韵母和声调完全一样，广义的同音只要求声母和韵母一致，声调则不强求。

多义词在各种语言中都很普遍，同音词则不是。相比之下，汉语的同音词比其他语言多得多，这是汉语一大特点。原因在哪儿？这要从汉语的语音谈起。汉语语音有 22 个声母，39 个韵母，一个声母和一个韵母组成一个音节。声母乘以韵母可以得到 858 个音节。但是有的声母和韵母是不能拼读的，不能组成音节，这样实际上的音节只有 410 个左右。算上四个声调，也只有 1600 个左右。而汉语的词语有几万个，《现代汉语词典》收词 7 万个左右，书面上写的字常用的有 6000 多个。这么多的词和字，语音上只能用 410 多个音节来表达，音节少、字词多的矛盾不可避免地带来同音现象。拿汉字来说，平均 15 个汉字共用 1 个音节。所以，汉语的同音现象特别普遍。赵元任先生曾经特意写了篇全是同音词的小短文《施氏食狮史》，如下：

石室诗士施氏，嗜狮，誓食十狮。施氏时时适市视狮。十时，适十狮适市。是时，适施氏适市。氏视是十狮，恃矢势，使是十狮逝世。氏拾是十狮尸，适石室。石室湿，氏使侍拭石室。石室拭，氏始试食是十狮。食时，始识是十狮，实十石狮尸。试释是事。

二、汉语同音词的应用

正因为汉语同音现象普遍，所以汉语语言生活中发展出了很多基于同音的独特的修辞手段，如双关、谐音、曲解、别解、仿词等修辞格。这些修辞格的妙用是小品、相声创作中制造巧合和误会的常用手段，是汉语创造幽默的独门暗器。

小品的常用技巧之一是“用语言的谐音与歧义造成误会，酿成笑境”①。谐音是利用多个汉字读音相同或相近的条件，用同音或音近字来代替本字，产生辞趣。例如《武林外传》台词：

> 盗圣：哎呀！妈呀！这……这……这使的啥招啊！这是?!
>
> 小郭：难道？难道……难道这就是传说中的一……刀……两段？
>
> ——《武林外传·第61集》

“一刀两段”跟人们熟知的“一刀两断”同音，意义也相近。但是前者是表示一刀砍下去，物体被切成两个部分，意义比较具体，“一刀”和“两段”是临时搭配。后者是固定的四字成语，《现代汉语词典》解释为“比喻坚决断绝关系”，显然一般用于比较抽象的事物。但是电视剧中的小郭因为文化水平不高，以为“一刀两断”是“一刀两段”，就用在这儿了。这里其实在暗暗讥讽小郭文化水平低。

苗阜和王声是近年冒出来的来自陕西的相声新秀。他们的相声《满腹经纶》在网上很火，里面就大量利用了谐音。二人组合把王声定位为知识分子，把苗阜定位为文化水平不高的市井小民。其相声经常用到的套路就是苗阜认错字，而这些错字和对应的正确的汉字其实就是一对对的同音词。例如下面一段：

> 苗阜：哦，想起来了，想起来了，还有好多呢。
>
> 王声：还有？
>
> 苗阜：比如说，水壶传。水壶传我也爱看。
>
> 王声：水壶传您都看过呀！
>
> 苗阜：一百零八个大水壶嘛！
>
> 王声：哎哟，这得多大一个锅炉房啊！

---

① 周光，陈孝英．喜剧小品入门66问[M]．北京：中国戏剧出版社，2010：106.

苗阜：人都是英雄好汉，什么锅炉房！
王声：英雄好汉有叫水壶的吗？
苗阜：有那本书啊！
王声：《水浒》。
苗阜：水浒！

——苗阜、王声相声《满腹经纶》

很明显，这一段是利用“壶”和“浒”同音而创作的。水壶在生活中比较常见，“浒”用得少，文化水平低的人不认识。

仿词中的音仿也离不开同音。音仿是根据一个人们熟知的词语临时创造出一个与它音同或音近但意义不同的新词。赵本山的小品常常用这一招，如下面这段就是仿照人们熟知的歌曲《一剪梅》新创了个同音词“一剪没”。

崔永元：我知道，其实大妈成了名人以后见世面挺多的，参加的活动很多吧？

白云：那是“相当”多。一天到晚，俺们就是到处演出，四处演讲，还给人剪彩。

崔永元：出场费也不少吧？

黑土：她八十，我四十。

白云：都税后。

崔永元：那都给哪儿剪彩呀？

白云：都是，大中型企业。

黑土：大煎饼铺子、铁匠炉啥的。

白云：啊……俺们那旮旯有个挺老大个养鸡场，那都是我剪的。

黑土：是！她剪完就禽流感了！当时死了一万多只鸡！最后送她个外号，叫“一剪没”。

——小品《说事儿》台词

前面我们提到过，利用词的多义可以构成曲解。曲解还有另外一个构成方式，就是利用同音词。这种曲解是说话人故意把甲词理解为同音的或者同音同形的但意义不同的乙词，比如室内情景剧《武林外传》的一个片段：

大嘴：平谷一点红？我是他粉丝！
老白：你还腐竹呢，边儿去！

——《武林外传·第23集》

这个例子中，“粉丝”是“明星的影迷或者歌迷”的意思，但是老白把它理解为吃的那种食物，所以他才接着说跟粉丝同类的“腐竹”。粉丝具有“歌迷影迷”的意思，是近些年的用法，一些老年人不知道，所以看不懂这个曲解的段子。又如赵本山小品《送水工》：

赵本山：哦，听说你在那研究爹呢？
范伟：不是，研究木乃伊。
赵本山：哦，研究姨呢？
范伟：不是姨，是古尸。
赵本山：古诗你上那儿研究啥啊，咱国家就有，唐诗三百首，床前明月光，玻璃好上霜，要不及时擦，整不好就得脏吗？连我都会。
范伟：不是古诗，是尸体的尸。

——小品《送水工》台词

“伊”被曲解为“姨”，“古尸”被曲解为“古诗”。

除了曲解外，还有别解。曲解是甲、乙两个意义事先都存在，说话人不过是把甲故意理解成乙。而别解则是说话人对一个词，根据字面意义和语境临时赋予一个新的意义，新旧意义并无关联，从词汇学角度看实际上就是一对同音词。比如，大家很熟悉，赵本山小品中“秋波”被临时解释成“秋天的菠菜”，但它本来的意思是脉脉含情的眼神。

崔永元：大妈呀，当时大叔他是怎么追的你？

白云：他就是——主动和我接近，没事儿和我唠嗑，不是给我割草就是给我朗诵诗歌，还总找机会向我暗送秋波呢！

崔永元：暗送秋波呢！

黑土：别瞎说，我记着我给你送过笔，送过桌，还给你家送一口大黑锅，我啥时给你送秋波了？秋波是啥玩意儿？

崔永元：秋波是青年男女——

白云：秋波是啥玩意儿你咋都不懂呢？这么没文化呢！

黑土：啥呀？

白云：秋波就是秋天的菠菜。

——小品《昨天　今天　明天》台词

相声中也经常运用别解，比如苗阜、王声的相声《国学大师》就一连给“知足常乐”“杯水车薪”“度日如年”做了重新解释：

苗阜：比如说我今年，我就希望我能知足常乐。

王声：这词不错。很达观。

苗阜：每天浴回足我就很快乐。

苗阜：同时我也要祝愿我自己杯水车薪。

王声：不不不，这可不是什么好词儿。

苗阜：怎么不是好词儿？

王阜：“杯水车薪”怎么能是好词儿呢？

苗阜：怎么不是好词儿？每天泡杯水，到月底领一车薪水。

王声：白日做梦呢！你这是。

苗阜：最后我要祝福我度日如年！

王声：真对得起自己。

苗阜：怎么了？

王声：这词儿都往自己身上招呼？

苗阜：怎么不行了？

王声：“度日如年”怎么能放自己身上呢？

苗阜：就是说我每天过得跟过年一样那么快乐。

王声：傻小子，这是。

——苗阜、王声相声《国学大师》

网络语言中的别解尤其多。现在网络发达，反叛传统、个性张扬的年轻人喜欢标新立异的语言，于是大量词语被他们解释出了新的意思。这可称为“旧音新义”。例如：

贤惠：闲在家里什么也不会。

蛋白质：笨蛋、白痴、神经质。形容年轻女孩。年轻女孩天真、单纯、执著、多情、幼稚、可爱，同义于笨蛋白痴。热情、开放、心血来潮、敢想敢干，等同于神经质。

白骨精：白领、骨干、精英。

多义词可以用来构成双关，同音词同样也可以。利用同音构成的双关叫语音双关，就是利用语音相似或相同，使词语或句子具有表面和内在两种语义。比如，一个蚊香的广告说：“华力牌电蚊香，‘默默无蚊’的奉献。”“默默无蚊”字面上是说，不声不响地就把蚊子灭掉了。但是，众所周知，汉语有个同音的词“默默无闻”，所以广告也在暗示，其产品具有不声不响做好事的品德。有一条手表广告是：“奥威手表，一戴添骄！”这条广告同样利用“一戴添骄”与“一代天骄”同音来暗示，戴上奥威手表就具有帝王将相、英雄人物的豪迈慷慨之气。

有的广告直接利用同音词同时表达两个意思，比如有家广告公司的广告是：“不做 fán 人的广告！”“fán 人”既可以理解为“烦人”，也可以理解为“凡人”。

前些年有的好玩的手机短信，也是借助同音词，如：

老师说：找两人我要班花。于是投票评选班花，闹了一节课，选出最漂亮的俩女生。老师说：去教务处，搬花！

这条手机短信，是利用“班花”和“搬花”同音让人产生误解而创作的。

众所周知，英语在书面书写时，词和词之间要空一个小格。但是汉语的汉字在书面书写时，字与字之间、词与词之间都没有空格，这导致书面汉语出现了更多的同音同形的词语，也就产生了更多的曲解。例如：

> 一个中年男子刚刚装了一套“自动清除脏话”的软件。某天他收到了一封邮件，有一句话是这样的：孩子病无大碍，医生说是到了更年期。他觉得十分奇怪，就打电话询问。原来原信写的是：孩子他妈的病无大碍，医生说是到了更年期。

此例中，“他妈的”本来是“他”“妈”“的”三个词，但是，这三个词连在一起，跟国骂词语“他妈的”在词形上一样。结果，软件把它当成骂人的词语删除了。

同音与网络新词的出现也有关系。请看这句话：“人生是一张茶几，上面摆满了杯具。”如果你感到一头雾水不知所云，以为是在说锅碗瓢盆的事，那只能用“杯具”和“餐具”来形容你的网络生活。这其实是网友们为了表达戏谑和委婉的态度，利用音同或音近为已有词语“悲剧”“惨剧”创制出的新的等义词。这可称为“旧音新形”，其他的例如：

> 洗具—喜剧　餐具—惨剧
> 神马—什么　茶具—差距

同音现象并不仅限于普通话内部，方言与普通话之间、外语与汉语之间都存在同音现象。卢鑫、玉浩的相声就把同音现象的利用从普通话内部同音扩展到了方言与普通话的同音、外语与汉语的同音。

我国地广人多，方言各异，有大量的词汇在方言和普通话中同音异义，这些同音词为小品、相声运用语言误会来创作提供了有利条件。卢鑫、玉浩的最新相声就采用了普通话和方言的同音词，如：

卢鑫：以前有个乐队叫 beyond.

玉浩：那是经典。

卢鑫：唱了一首歌我特别喜欢。

玉浩：您说！

卢鑫：钢铁锅含着泪喊修瓢锅，这首歌每一个追求梦想的人都……

玉浩：没有梦想！这就是个修锅的。

卢鑫：歌名！歌名！

玉浩：什么歌呀？

卢鑫：钢铁锅含着泪喊修瓢锅。（唱）

玉浩：《海阔天空》！

——卢鑫、玉浩《笑傲江湖》初赛相声

卢鑫把歌曲《海阔天空》里“今天我寒夜里看雪飘过”这句歌词的粤语唱法“今[kɐm^{53}]天[$\text{t}^{h}\text{in}^{55}$]我[$\text{ŋo}^{23}$]寒[$\text{xn}^{35}$]夜[$\text{iɛ}^{22}$]里[$\text{lei}^{23}$]看[$\text{xən}^{53}$]雪[$\text{syt}^{33}$]飘[$\text{p}^{h}\text{iu}^{35}$]过[$\text{ko}^{55}$]”，用普通话音字正腔圆地读成“钢铁锅含着泪喊修瓢锅”，给观众卖了个关子。

又如，某些地区的方言中 z、c、s 和 zh、ch、sh 分不清，鼻音 n 和边音 l 分不清，念得差不多，这就产生了新的同音。由此网民们造出了等于“伤心”的“桑心”，等于“泪流满面”的“内牛满面”。

全球化、网络化的今天，很多人会说英语，知晓国际政治、体育、娱乐事件。根据新时代的文化背景特点，卢鑫、玉浩的最新相声采用了中外同音词，如：

卢鑫：看见 C 罗带球以迅雷不及掩耳盗铃儿响叮当之势攻入对方的禁区。

玉浩：快点吧。

卢鑫：看到他的带球不禁让我想起一首中国著名民谣《C

罗是萝莉 C》。

玉浩：这什么歌啦？

卢鑫：（音乐："噻箩箩哩噻箩箩哩噻……噻箩箩哩噻箩箩哩噻……箩噻。"卢鑫配舞蹈）

玉浩：去，这就是你那 try！

——卢鑫、玉浩《笑傲江湖》决赛相声《咱不是腕儿》

C 罗是葡萄牙足球明星 Cristiano Ronaldo，中文译作 C·罗纳尔多，简称"C 罗"，在中国有很高知名度。而《采蘑菇的小姑娘》则是中国一首流传甚广的儿童歌曲。两者观众都很熟悉。相声编剧奇思妙想，由"C 罗""萝莉 C"，想到了中文发音近似的歌词"噻箩箩哩噻箩箩哩噻"，实在是跨越太远，令人忍俊不禁。

又如下面一段中，把外语的足球世界杯主题曲《生命之杯》中的"ale"误解为与汉语语音相近的"累"：

卢鑫：足球，是世界上最累的一项运动。

玉浩：何以见得呢？

卢鑫：因为每次比赛前，所有人都要一起唱——

玉浩：嗯？

卢鑫：Ale ale ale……

玉浩：这怎么了？

卢鑫：好累啊！

玉浩：是这么解释的吗？

——卢鑫、玉浩《笑傲江湖》决赛相声《咱不是腕儿》

同音词太多也有很多不利的方面。首先，不利于外国朋友学习汉语。外国留学生最怕的是声、韵、调一致的狭义同音词，因为声调是他们学习的一大难点。对于单个的音节，他们一般还能念得准，但是正常语流中的声调就很难听准和念准了，因而经常把声韵相同但声调不同的字和词搞混了，闹出了很多笑话。例如：

在一个小饭馆，一位外国朋友想吃水饺，就问："老板，shuì jiào 多少钱一 wǎn?"老板没好气地说："我这儿只卖吃的！"

原来，老外说的是："睡觉多少钱一晚?"这么说老板听了当然很恼火。他明明想说的是"水饺"嘛！

另一个经常犯的错误是把同音的词弄混了。又有个外国朋友到江南的朋友家做客。早晨，朋友的家长做了很可口的早餐招待她，并问她："xián dàn 怎么样?"她答道："咸蛋很好吃。"此"咸蛋"非彼"咸淡"！

第五节　词义民族性与跨文化交际

有一次，我女儿和她妈妈去看电影，看完后回家，女儿兴奋地对我说："爸爸，我今天看的电影是《驯龙高手》。"看她的兴奋劲儿，就知道这部电影还不错。但我心里却泛起一个疑问：谁这么大胆居然敢"驯"龙？龙可是天子，高贵优秀的象征，而驯养的东西一般都是猪、猫、狗等普通动物。于是，去网上搜了下影片简介，原来这部电影是美国梦工厂动画公司制作的，英文名叫 *How To Train Your Dragon*。电影中的龙居然长有翅膀，像蝙蝠，和传统中国龙的形象大不一样。那么这里面的"dragon"能翻译成汉语的"龙"吗？换句话说，英语的"dragon"和汉语的"龙"意义一样吗？

汉语的"龙"我们最熟悉了。中国文化中，"龙"是传说中的一种吉祥动物。《现代汉语词典》(第6版)对龙的解释是：(1)我国古代传说中的神异动物，身体长，有鳞，有角，有脚，能走，能飞，能游泳，能兴云降雨；(2)封建时代用龙作为帝王的象征。在各种绘画、柱子上的雕像中，龙的形象是：头似蛇，角似鹿，眼似兔，耳似牛，项似蛇，腹似蜃，鳞似鲤，爪似鹰，掌似虎，有胡须。它从古至今就被认为有腾云驾雾、兴云降雨的超凡本领，有着多方面的美好的褒义象征意义。龙经常被视为尊贵、高贵的象征，如有攀龙附凤、鱼龙混杂、龙凤呈祥、乘龙快婿等说法；龙还象征强大力量，如降龙伏虎、龙潭虎穴、虎踞龙盘、龙争虎斗等说法；龙还象征才能优异的人，如望子成龙、藏龙卧虎、群龙无首等说法；龙还能指一个人精神昂扬、身体健壮，如生龙活虎、龙马精神、龙腾虎跃等说法。有时还能表示书法等方面的舒张气势义，如"笔走龙蛇、龙飞凤舞、来龙去脉"。由于封建帝王以"龙"自居，所以龙还是权威、力量的象征。因为龙能够兴云降雨，龙是雨水之神，海里有四大龙王，很多地方还建有祈雨的龙王庙。正因为中国人很喜欢龙，中国人名、企业名、商标以及旅游景点名称中大量使用了"龙"字。在国家层面，龙还被视为中华民族和中国的象征，晚清的国旗是龙的图案，称为"龙旗"，海内外的炎黄子孙都自称是"龙的传人"。中国人在喜庆节日喜欢举行舞龙、挂龙灯、赛龙舟等活动。

图 2-3　中国的"龙"

《驯龙高手》中的"龙"是西方文化中的"dragon"。西方文化中，"dragon"也是一种传说中的动物。《牛津英汉高阶双解词典》对"dragon"的释义是："传说中一种很大的凶恶动物，有翅膀和长尾巴，能吐火。"美国《韦氏词典》说"dragon"是"神话中虚构的动物，形象通常是巨大的毒蛇或蜥蜴，有翅膀、鳞甲、头冠和巨大爪子”，可比喻为“粗暴的、好斗的或非常严厉的人”，或“可怕的或有害的事物或人”。综合各种词典的解释，英语文化中的“龙”大概有以下特征：它是一种传说中或想象中的动物，类似蜥蜴，体形庞大，性情凶猛，长着像蝙蝠那样的双翅，一条长尾，爪像鹰爪，通常会飞，口中喷火，坐着的时候好像袋鼠，尾巴拖在地上。在西方的神话和传说中，“dragon”常常与邪恶联系在一起。《圣经》中与上帝作对的恶魔撒旦，被称为“the great dragon”。在中世纪的传说中，一个英雄、圣徒的最高成就，就是杀死一头“dragon”。在英语中，“dragon”所引起的比喻意义与“龙”在汉语中的比喻意义完全不同。“When she's angry，she is a dragon.”这句话字面意思是说“她生气的时候像条龙”，实际上是指她是个脾气暴躁的老妇女，很凶，中文翻译为“母夜叉”才合适。

图 2-4 西方的“dragon”

因此两种文化中的“龙”的意义大不相同，主要有：(1)龙是吉祥的象征，而“dragon”是邪恶的象征；(2)龙没有翅膀，而“dragon”有着巨大的蝙蝠翅膀；(3)龙的身体修长，而“dragon”的身体粗壮；(4)龙为金黄色或其他颜色，“dragon”主要是黑色的。

(5)龙不食人间烟火，但是“dragon”要吃人和动物①。

有人把中国的龙和“外国的龙”(即 dragon)的区别归纳为：中国的龙被人们视为神；外国的龙被人们视为怪。中国的龙是吉祥如意、大富大贵的象征；外国的龙是魔鬼怪兽、瘟疫受灾的代表。中国的龙是传统四大神兽之一；外国的龙是传说中的妖魔鬼怪之一。中国的龙以遇到为荣；外国的龙以遇到为祸。中国的龙常穿梭于云海，吞云吐雾下甘露；外国的龙常藏匿于深山，守财守宝吃人肉。

据说，2008 年北京奥运会的吉祥物初选时，本有“中华龙”，但是最终落选。原因是组委会顾虑“龙”这个词可能在西方国家带来负面效果。鉴于此，很多学者认为“dragon”不能翻译成“龙”，龙在英语中也不能翻译成“dragon”，可翻译成“loong”②。

两种文化中的“龙”的意义不同反映出，不同民族用语言指称客观世界时，由于民族思维、地理环境、语言系统等方面的差异，出现了词义的差异。换句话说，特定语言中的词义具有民族和文化上的独特性。

“dragon”和“龙”都是传说中的动物，东西方的形象和象征不同似乎也正常，然而很多东西方都有的真实动物在联想意义、情感色调上仍然存在差异。

汉语和英语都有“狗”这个词，意义也基本相同，都是指家养的、有四条腿、可帮人看家护院的真实存在的一种动物。但两种语言中“狗”的情感意义却差异很大。汉语中，“狗”多是作为一种负面的、贬损的形象出现的，含有强烈的贬义。“狗”经常被比喻为攀附权贵的凶恶小人，如“狗仗人势”“走狗”“丧家犬”“狗腿子”，“一条狗”甚至可直接指权贵的下属。“狗”也可比喻为卑劣、下贱的坏人坏事，如“狗嘴吐不出象牙”里把卑劣的狗与美好的象来对比，“狗咬吕洞宾不识好人心”把狗比喻成坏人来跟好人形象“吕洞

---

① 宗福常，王菊泉.“dragon”是不是“龙”？[J]. 外语研究，1996(1)：45-47；赵培远，武灵.“龙”的文化内涵兼及英语的 dragon[J]. 汉字文化，2003(4)：51-54.

② 黄佶. 关于“龙”的英译名修改问题[J]. 社会科学，2006(11)：161-169.

宾”进行对比，其他如“狗汉奸”“狐朋狗友”“狼心狗肺”“狗头军师”“狗血喷头”“狗急跳墙”“狗拿耗子多管闲事”“狗眼看人低”“狗改不了吃屎”等。此外，没有立场、毫无骨气的人被称为“哈巴狗”，坏人行事无所顾忌被称为“狗胆包天”。

但在英美文化中，狗是人们最喜爱的动物，很多人视为家庭成员之一，为狗买专用的食物、衣物和玩具①。社会上还设有大量专门为狗提供服务的机构和场所，如宠物商店、宠物餐馆、宠物诊所、宠物美容院、宠物寄存柜等。所以在英语中，“狗”经常是褒义词。英语中的“dog(狗)”也经常指人，但不是指卑劣之人，而是指好人，如：

You lucky dog. (你这个家伙真幸运)
a jolly dog(快乐的人)
a top dog(身居高位的人)
a dumb dog(沉默不语的人)
a clever dog(聪明的孩子)
Help a lame dog over a stile. (解危济困)

谚语习语往往是一种语言历史文化的沉淀，反映了社会早期的文化观念。英语谚语有“Love me, love my dog”的说法，汉语意思是“爱屋及乌”；又如“Every dog has his day”意义为“凡人皆有得意日”。这两处的“狗”并无贬义。但是汉语的“爱屋及乌”在古代是有贬义的，古人认为乌鸦是不祥之鸟，它落到谁家的屋上，谁家就要遭遇不幸。因此“爱屋及乌”形容爱某种事物爱得过分了，当然这种意义在现代汉语中是没有的，今天它已经是个中性词了。

“牛”与“马”在英汉两种语言中的文化意义也不一样。在中国文化中，牛是体格强壮、终日劳碌、埋头苦干、无私奉献的典范。汉语中有不少赞美牛的词，如力大如牛、牛气冲天、气壮如牛、俯

① 包虹明．英汉动物词语的翻译与文化内涵[J]．广西社会科学，2002(6)：160-161.

首甘为孺子牛、九牛二虎之力等。“牛”还可以形容一个人顽固、执拗，一个小孩倔强就说“他犟得像头牛”。“老牛舐犊”中的牛被比喻为尽职尽责的父母。“初生牛犊不怕虎”中的小牛朝气蓬勃，天不怕地不怕。牛身体的各个部位也都有象征意义，如“执牛耳”“钻牛角尖”。“九牛一毛”“多如牛毛”，形容数量大。牛的体型大，跟牛相关的事物也都是带有宏大高超的意思，“杀鸡焉用牛刀”中的牛刀指技艺才能高超的人，所以还有“牛刀小试”的说法。如今，这样的人直接叫“牛人”，称赞他们时直接竖起大拇指说：“牛！真牛！”书堆到了房顶，搬书时累得力气大的牛出汗，可见藏书很多，这叫“汗牛充栋”①。

而西方人对牛的看法则是性情暴躁、桀骜不驯、横冲直撞、雄健好斗。如：

You stupid cow!（你这个蠢婆娘!）

Don't have a cow.（别发火，指脾气坏、暴跳如雷）

Curstcows have curt horns.（恶牛角短，指有心伤害人的人常常能力有限）

As good luck as had the cow that stuck herself with her own horn.（倒霉极了）

中国古代社会是农耕社会，牛是代替人力耕作的主要动物，语言中关于牛的联想意义特别丰富。而在古代欧洲，马是主要的畜牧动物，语言中关于马的联想意义丰富。因而在许多词语中，中文的“牛”与英文的“马”的形象正好相吻合。如形容一个人说大话，汉语说“吹牛”，英语则说“talk horse”。中国人常把勤劳吃苦的人比作“老黄牛”，如“他真是个老黄牛”，英语则用“He is really a willing horse”。汉语说“牛饮”，英语则用“drink like a horse”。汉语说“老牛不喝水，不能强按头”，英语则用“You may take a horse to

① 张宗久. 英汉文化动物词语的内涵差异对比分析[J]. 郑州大学学报(哲学社会科学版)，2007(5)：156-159.

the water, but you can't make him drink"。汉语说"力大如牛",英语说"as strong as a horse"。

当然,牛、马的生物属性在哪儿都是一样,东西方也有一致的地方。汉语有牛脾气,英语则有"bullish"。

有意思的是,英语中的"狮子"和汉语中的"虎"的联想意义也经常一致。在西方童话故事中,狮子被尊为勇敢、威严的百兽之王。美国迪士尼影片公司制作的动画电影《狮子王》讲述的就是小狮子辛巴成为威严的森林之王的故事。从"regal as a lion"(狮子般庄严)、"majestic as a lion"(狮子般雄伟)等比喻中可以看出,狮子享有很高的声誉。一些勇敢的人物也被比喻为狮子。英国国王理查一世由于智勇过人被称为"The Lion-Hearted"。"lion"还可以喻指"名人,名流之士",如"a literary lion"意思就是文学界的名人,"Great Lion"指有名气的人,"make a lion of sb."是指"某人红极一时"。英国人以狮子作为自己国家的象征,"The British lion"即指英国。

中国文化里相当于狮子地位的动物则是老虎,中国人的心目中老虎才是百兽之王,它勇敢无畏、凶猛、威严,力量巨大,有权势,有活力。中国的十二生肖中就有虎。"山上无老虎,猴子称大王"和"一山不藏二虎"鲜明地道出了老虎在森林中的主宰地位。老虎象征着活力、强大和勇猛,如"虎虎生威""生龙活虎""狐假虎威""虎视眈眈""放虎归山""如虎添翼""藏龙卧虎""九牛二虎之力""苛政猛于虎""虎背熊腰"等。由于老虎的威严与力量,老虎形象具有一派凛然不可侵犯的王者气度,小人物们不得不对它产生恐惧心理,许多包含着"虎"的熟语都表达了这方面的意思,如"谈虎色变""老虎的屁股摸不得""明知山有虎,偏向虎山行"。由于虎的形象威风凛凛,因此自古以来就被用于象征军人的勇敢和坚强,如虎将、虎臣、虎士等。严厉的父母被称为"虎爸""虎妈",而不叫"狮爸""狮妈"①。

---

① 张宗久.英汉文化动物词语的内涵差异对比分析[J].郑州大学学报(哲学社会科学版),2007(5):156-159.

中国人取名多喜欢用“虎”字，很少用“狮”字，如20世纪90年代台湾地区的青春偶像组合叫“小虎队”，成员是霹雳虎吴奇隆、小帅虎陈志朋、乖乖虎苏有朋。凤凰卫视有一个谈话类节目主持人，名叫“胡一虎”，主持的节目叫《一虎一席谈》。在英语世界，用“lion”取名的情况很多，用“tiger”的相对少很多。汉语中含“虎”字的成语、谚语多达两三百个，而含“狮”字的只有十几个。数量上的差异正好反映了两种文化的取舍倾向。

汉语中的“虎头蛇尾”，英语则用“in like a lion, out like a lame”（来若雄狮，去若羔羊）；汉语中的“虎口拔牙”，英语则用“beard the lion”（拔狮子的胡须）；英语的“a lion in the way”（拦路狮），汉语则用“拦路虎”；英语中的“the lion's den”（狮子的穴），汉语则用“龙潭虎穴”；汉语中的“狐假虎威”，英语中则用“the ass in the lion's skin”（披着狮皮的驴）。汉语的“母老虎”得翻译成“a lioness”。英语的“throw someone to the lions”得翻译成“把某人送入虎口”。“lion's mouth”也有比喻意义，对应于汉语的“虎口”。

其他动物的象征意义也有不同。在汉语中有“胆小如鼠”“蠢笨如牛”，而在英语中胆小的是兔子，如“as timid as a rabbit”（胆小如兔），笨的是鹅，如“as stupid as a goose”（笨得像鹅）。

为什么不同的语言中动物有不同的联想意义呢？这有两方面的原因：一是人类的认知心理机制，二是客观环境的限制。一个词的意义来自于人们头脑中形成的对某种事物的概念。而人们总是先认识那些具体的熟悉的事物，获得对这些熟悉事物的相关经验，然后通过相关联想和相似联想，用熟悉的经验来理解更加复杂、抽象的事物，并在此基础上形成新概念。相反，对于陌生或昙花一现的事物人们获得的经验不多，那么在理解更抽象的事物时一般不会以它们为基础。而一个社会、一个地区的人们对于哪些事物比较熟悉，是受限于他们所处的地理环境、社会经济状况的。就动物而言，对一些与人类关系密切的动物，人们赋予多方面、多角度的文化内涵；而对某一地区的稀有动物，人们就不容易产生联想意义。动物的种类跟一个地区的地理环境和气候条件有关。

词义民族性反映了文化独特性。在跨文化交际和翻译实践中，我们特别要注意对方语言中词语的文化含义，深刻理解对方文化的精髓，在此基础上我们才能尊重对方，减少文化冲突。比如，本文开头提到的 *How To Train Your Dragon* 被译为《驯龙高手》，其实就不恰当，让人感觉很不舒服，原因就是汉语文化中的"龙"很高贵，是不能驯的。

第六节　词义模糊性的应用

有一条新闻叫作《"就近"非"最近"，小学生告教育局败诉》，说的是 2016 年 4 月，南京市建邺区一位小学生由其父亲代理，将建邺区教育局告上法庭。原因是建邺区教育局未能安排她到离家最近的小学就读。这位小学生姓顾，她所住小区附近今年新修了一所小学，与其小区南门仅一条马路之隔，距离约 400 米，步行 5 分钟。但是今年开始上学的她，被派位到另一所小学，这所小学距离其所住小区南门 2. 5 公里，要过 8 个红绿灯，行走时间 50 分钟以上。她认为区教育局对学区的划分不符合"就近入学"的规定，要求教育局重新划分。

被告建邺区教育局认为，"就近入学"不等于"最近入学"，不能以入学儿童户籍地和学校的直线距离作为划分学区的唯一原则。根据规定，教育部门划分学校施教区主要把握四个原则：一是要保障适龄儿童在其户籍所在地就近入学，二是要根据当地的行政区划，三是要结合学校的布局，四是要考虑适龄儿童数量和分布状况。这四个原则是一个有机整体，不能只考虑某一方面。另外，建邺区教育局划分施教区的程序也是符合法律规定的。

法院审理查明，原告顾某所住小区南门至新建学校距离为 330 米，但北门距现在就读的小学为 1. 29 公里。目前就读学校确实离家更远，但也算在"就近"入学的范畴之内。法院认为建邺区教育局的行政行为合法。一审判决驳回原告诉讼请求。

这个事件涉及汉语词义的模糊性问题。词义的模糊性是指词所指称的事物边界不清。比如"中午"的词义就有一定的模糊性，其内涵和外延都是模糊的。假如有人说“你中午再给我打电话吧”，你一定会追问：“到底中午啥时候打呀?”因为中午是个很长的时段，有人觉得11：30算中午，有人觉得13：00也属于中午。日常生活中，中午从几点几分几秒开始，与上午的界限在哪里，又在几点几分几秒结束，与下午的界限在哪里，并不清楚。《现代汉语词典》对“中午”的解释是：“指白天12点左右的一段时间。”这里面的“左右”就显示出边界是模糊的。一般说来，事物的核心部分还是比较明确、比较突出的，是人们注意的焦点。词义所概括的恰恰就是这些核心部分，“中午”的核心部分就是白天12点，这一点在人们的认知中是相当清楚的。另外，一定范围内的对象是否属于某一类，有程度差别。如“红色”一词所指对象的界限是不确定的。而且不同类型的对象是否属于“红色”所指范围有程度差别，如深红比浅红属于“红色”的程度要高，如浅红比浅粉属于“红色”的程度要高。

模糊性是与明确性相对而言的。客观世界中，有些事物与邻近事物的界限很明显，相应地反映这些事物的词的意义也就比较明确。比如“人、男性、死亡”等词。一般来说，某个生物是人还是其他动物，人们一眼便知；判断一个人是男人还是女人，也很容易从嗓音、头发、形体、穿着等方面分辨出来；死亡与否则可以从气息的有无来判断。当然这种明确性也是相对的，深究起来它们与邻近事物的界限也不是绝对清晰的。有些词语的所指对象是唯一的，那么这些词语的意义就是明确的。

从词义的模糊性与明确性角度来看，“就近”当然不等于“最近”，前者的词义是模糊的，而后者的词义是明确的。“就近入学”的意思是安排学生去离家尽量近的学校上学，“最近入学”的意思是安排学生去离他家直线距离最近的学校上学。“就近”有一定范围可供选择；而“最近”却只有一个结果。教育部门使用“就近入学”这种表述是由现实世界的具体情况和具体实践决定的。从教育部门的角度来看，划分学校施教区时不可能做到让每个学生入读距离其家最近的学校。案件的审判长孙国荣也说，因为学校布局和学区住宅小区有疏有密，完全按照以学校为圆心，以一定距离为半径画圆的模式来划分学区，这在现实中是做不到的。另外，“就近”并非对某一个学生而言，而是对学区所有学生而言，大多数学生做到了就近入学，就可以说教育部门是尽职的。但是此案也警示我们相关部门，在作出相关规范时，要更加细致，比如什么是“就近入学”，必须要有详细解释，一些原则性要求容易引发不同理解和争议。没有详细的解释，“就近”也可能被教育部门滥用，比如说，故意安排某个学生就读较远的学校，事后却以符合“就近入学”原则来搪塞。

词义模糊并不是语言中的“坏家伙”，而是自然语言中正常的现象，比比皆是。人们可以自如地使用各种模糊词语，并不担心带来交际困难。一方面，有些交际场合必须使用模糊词语；另一方面，在有些交际场合需要表达明确的意义时，人们有很多语言手段把模糊词语变得精确。

在公文写作、新闻报告、广告宣传、外交事务中，人们经常会恰当利用词义的模糊性。公文是在行政机关、企业、学校的管理活动或处理公务活动中产生的，按照规范的格式写作的具有传递信息和记录事务作用的应用文。公文写作要求用词准确、句式简洁、风格庄重，所以有“一字入公文，九牛拔不出”之说。但是在公文写作实践中却经常用到模糊词语。有时是为了提高表述的概括性和简洁性。试比较：

(1)5月份，该公司成立了一个老中青相结合的新项目研发小组。

(2)5月8日9时30分，该公司成立了一个50岁到60岁的老年工程师，40岁到50岁的中年工程师，18岁到40岁的青年工程师相结合的新项目研发小组。

例(1)中“老中青”的语义虽然很模糊，但是概括准确、表达精练，传达出读者所需要的信息。相比之下，例(2)精确倒是精确，但表达啰唆繁复。有时事件涉及的时间、空间、数量、范围、程度、性状本身就是模糊的，难以进行确切的调研和测量，那么表达时就不可避免地也要用模糊词语。比如“近年来，党和政府高度重视农村文化建设……”中所要描述的时间起点不清楚，这个信息也没必要弄得很精确，因此就模糊地说“近年来”。本节开头小学生告教育局事件中，教育部门使用“就近入学”的表述也属于这种情况。其他经常出现的模糊词语还有“一些地区”“个别人”“大多数”“各种形式”“屡次”“酌情”等，显然这些词语的使用对公文要表达的内容进行了高度的概括，减少了公文的字句，是十分必要和准确的。在外交场合发言时，使用模糊词语可以避免直接、尴尬，符合含蓄委婉的需要。例如：

25 年来，中美两国关系虽然有过波折，但总的说来是在向前发展。

这儿的“波折”把此前双方的分歧和斗争都概括了，但因为词义模糊，可任由对方解读，并不显得咄咄逼人，也避免了当面伤害对方的情感和形象。新闻报道中有时对一些新发生的新闻事件的有关信息了解得不很准确，但为了快速推出报道，这些信息只能先使用模糊词语表达。比如突发新闻中，经常出现“多人受伤”等字眼。此外，不同的新闻内容价值有大有小，对于次重要的新闻事实，可以运用模糊语言一带而过，以凸显重要新闻点，甚至在以严谨为要务的法律文本中也能找到模糊词语。我国《刑法》第 267 条中有“携带凶器抢夺的”的表述，这儿“凶器”的内涵很确定，外延却不能一一列举完。但是“凶器”把各种各样的行凶物品都概括了，对各种情况都普遍适用。《刑法》第 264 条则以“数额较大”“数额巨大”“数额特别巨大”将盗窃罪分为三个等级，“较大”“巨大”“特别巨大”都是模糊词语。

词义模糊也不可避免地带来一些交际上的不便或失误。有些公文中模糊词语随意乱用，不该模糊的地方模糊了，原本应该传达准确清晰的信息，最后却给人难以理解、朦朦胧胧、含混不清的感觉。稍稍关注点时事、看点新闻的人，都会听说过一个叫

“有关部门”的机构。从字面意思上看，指“与此事有关联的部门”，但具体哪些部门并未列出。这个指代模糊的词组，却常常出现在正规的报道上以及政府机关的会议、文件、报告、批示中。对老百姓来说，要想对这些行政主管部门的工作进行监督，只怕是找不着门。一些当事部门却对这个词组用之不疲，原因很简单：一则不用指名道姓，既明确又模糊地表明了消息来源，暗示了这一说法的相对官方性和权威性；另一方面，又不会需要任何具体部门为这一“表示”承担责任。或者是因为某部门某领导或干部在接受采访后，觉得自己说的话有些不太妥当，于是叮嘱记者不要透露单位和姓名。这样的模糊词组还有“基本同意”“酌情处理”“大体上符合规定”“原则上不准超编”等。“基本同意”是说同意但又有不同意，简直是矛与盾的统一体，“酌情处理”中这个“情”有时就由当权者自己去定了。这些词组显示出执行政策法规时有一定的灵活性，然而物极必反，灵活过头了就成了任意，多少违法乱纪的事就是从对这些模糊语言的任意理解中开头的。法律条文中如果在表达关键信息的地方用了模糊语言，必然会在司法实践中带来严重后果。

通过前面的各种事例我们看到，语义模糊性在语言中客观存在，作用独特，既有利处也有弊处。一方面，语言担负着再现客观世界的任务，担负着帮助人与人之间进行交流的任务，要想符合千变万化的客观世界，要想便利快捷地交流，就必须具有一定的模糊性，不必要的精确是不可取的。试想如果我们活在一个只有精确语义的世界，那么本节开头的事件中，我们就得拿着精确到毫米的尺子，去丈量每一个小学生的家庭与学校的距离，然后按照这个距离来排序。可以想象的是，没等我们把所有的家庭丈量完，学生们就该上二年级了。就这样，也许还有人抗议：以毫米为单位不够精确！另一方面，我们也不能滥用模糊性，把本来该明确表达的语义人为地变成含混不清的表述，给交际、工作制造障碍。那些所指不清的语言腐败现象正是我们应该清除、规范的对象。

第七节 汉语的外来词

如今越来越多的人喜欢烘焙。烘焙的食物中有一款最基本的蛋糕叫“戚风蛋糕”。笔者一直以来都对“戚风蛋糕”这个名字耿耿于怀。

初听这个名字，都会疑惑：这是什么样的蛋糕？其实就是用鸡蛋、面粉、牛奶和糖等为原料做成的一种很常见、很普通的蛋糕。可是，这样的蛋糕为什么叫“戚风蛋糕”呢？“戚风”是什么风？

一番查找词典后才发现，“戚风”跟风没什么关系，它来自英语的词“chiffon”，是“雪纺绸”的意思。戚风蛋糕在英语里叫“chiffon cake”，台湾把它译成“戚风”，只顾音没顾意义，所以让人丈二和尚——摸不着头脑。其实，单看名字，就知道这是一种细腻、柔软如丝绸的蛋糕。但是偏偏翻译成“戚风”这么个让人摸不着头脑的词，直接叫“雪纺绸蛋糕”是不是更好？有情调，有意境，又很美丽。香港就译成“雪纺蛋糕”。

“戚风”这样的词叫外来词，占了汉语词汇的很大一部分。今天的人们对于外来词并不陌生，比如“沙发”“麦克风”等。全球化时代，外来文化的输入和交流不可避免地带来外来词汇。外来词引入汉语的方式主要有音译、意译、音译兼意译三种。音译是直接翻译外来词的读音，用汉语音同或音近的字逐个对译其音节，如“sofa”译为“沙发”；意译是用汉语的词直接翻译出外语词的意义，不要其读音，如“honeymoon”译为“蜜月”；有时是音意兼译，既翻译读音又翻译意义，如“gene”译为“基因”。当前随着基础教育的普及、高等教育的扩招，我国人民的外语能力普遍得到提高，听、说几句简单英语对大部分人来说不是问题。另外，我们与国际上的文化交流日益丰富，国外的人文地理、电影电视已经成为年轻人文化的一部分。顺应这个新的文化背景特点，一些相声演员创新地利用这三种翻译方式将汉语和外语互译，来制造幽默效果。例如：

(1)卢鑫：什么火学什么。

玉浩：什么火呀？

卢鑫：最近背个棒火。

玉浩：你等会儿，你等会儿，没听清，什么？

卢鑫：背个棒。

玉浩：你怎么不扛个避雷针呢？

卢鑫：我扛那玩意儿干吗？

玉浩：你说背个棒，说相声得撅个棍儿，老远一看跟天线宝宝似的。

卢鑫：不是，人家是个组合。

玉浩：是不是唱歌的时候老这样？（模仿 big bang 舞蹈动作）

——卢鑫、玉浩《创新相声》

(2)卢鑫：你不够国际化，你这辈子当不了屎蛋儿。

玉浩：当不了什么？

卢鑫：屎蛋儿。

玉浩：那我当个粪球也行啊。

卢鑫：你当粪球干吗？

玉浩：当屎蛋儿干吗呀？

卢鑫：不是！明星！英文！Super star。

——卢鑫、玉浩《创新相声》

(3)卢鑫：咱们叫什么名字？

玉浩：相声新势力。

卢鑫：所以咱们得创新，我们得求新、求变、求突破，我们得勇敢地踹一踹。

玉浩：等会儿，勇敢地什么？

卢鑫：踹一踹。

玉浩：你怎么不蹬一蹬呢？

卢鑫：我还摇一摇呢！

玉浩：不是，什么叫踹一踹？

卢鑫：try！尝试！英语 t-r-y，try！

玉浩：就这么个 try。

——卢鑫、玉浩《相声新势力》

(4) 卢鑫：因为我们两个从小就看湖南卫视。

玉浩：一直都关注着。

卢鑫：尤其像我这样的“sunshine 小 boy”，我是最喜欢看湖南卫视的。

玉浩：您先等会儿，像您这样的什么？

卢鑫：“sunshine 小 boy”。

玉浩：桑葚什么？

卢鑫：你饿了是怎么着？

玉浩：桑葚嘛。

卢鑫：“sunshine 小 boy。”

玉浩：什么意思？

卢鑫：阳光小男孩。

——卢鑫、玉浩相声《那些年我们追过的芒果台》

例(1)中，由于“big bang”[bɪɡ bæŋ]的发音与“背个棒”相近，卢鑫就把“big bang”说成“背个棒”。例(2)中，“star”[stɑr]的发音和“屎蛋儿”相近，卢鑫把“star”说成了“屎蛋儿”。例(3)中，英语单词“try”[traɪ]和汉语“踹”发音相近，卢新就把“try 一 try”说成了“踹一踹”。例(4)中，单词“sunshine”[ˈsʌnʃaɪn]的发音和汉语“桑葚”相近，正因如此张玉浩才把卢鑫说的“sunshine”理解成了“桑葚”。其实，上面的有些词在汉语中本就有相应的意译词，比如“star”译为“明星”，“try”译为“试”，“sunshine”译为“阳光”。但相声中利用汉语和英语某些词发音相同，故意采取不常用的音译词，制造了悬念和语言包袱。

(5) 卢鑫：没事儿了，那天带着我们走在德州乡间的小路上，走着走着……

玉浩：你等会儿，哪儿？

卢鑫：德州。

玉浩：山东？

卢鑫：美国德州！我上山东干吗？我吃扒鸡去？

玉浩：你说美国德州嘛！

卢鑫：哎！美国德州。德……那个什么啊州。

玉浩：得克萨斯州。

卢鑫：对！得克萨斯州！

——卢鑫、玉浩《创新相声》

例(5)中，由于美国的Texas State被音译为“德克萨斯州”，简称之后可以说成“德州”，而“德州”又与中国山东的“德州”同音，所以张玉浩就把卢鑫说的“德州”错解成了中国山东的“德州”。这个地方既有音译词的利用，又有同音词的利用。常见的同音词的不同意义都是汉语内部的，指中国文化的事物，而这儿的“德州”，一个意义指中国的地区，另一个意义指美国的地区。由于这种表示中外不同意义的同音词不多见，所以观众猛一听感觉十分新奇。

(6)卢鑫：吴莫愁！

玉浩：这我也知道。

卢鑫：她跟我很熟。

玉浩：是吧？

卢鑫：莫愁莫愁，英文名叫“Don't worry”。

玉浩：是她英文名字吗？

——卢鑫、玉浩《咱不是腕儿》

例(6)中，“Don't worry”的汉语意思是不要担心，卢新将吴莫愁的名字按照意译翻译成了“Don't worry”，这样翻译人名不符合我们翻译的常规，颠覆了观众的认知期待，一般我们对人名的翻译采取的是音译的方式，比如“吴莫愁”翻译成英文应该是“Wu

Mochou”。

陕派相声还创造出了一种新的利用外来词的手段，那就是利用汉语拼音和英文字母的同形来故意误读。众所周知，汉语的注音工具汉语拼音采用的字母是拉丁字母，而英语使用的字母也是拉丁字母，所以二者确实有很多同形的情况。但是形同音不同，相声表演中会利用这一点故意对字母进行误读来制造语言幽默效果。

(7)卢鑫：现在带球的这个球员是啊，波，呲罗！

玉浩：还呲罗，C 罗！

卢鑫：啊，波，呲，得，没有 C 嘞！

玉浩：你就说 C 罗。

——卢鑫、玉浩《相声新势力》

例(7)中，“C 罗”指的是葡萄牙足球运动员克里斯蒂亚诺·罗纳尔多(Cristiano Ronaldo)，简称“C 罗”，在这里“C”指的是他名字中的英文字母“C”[si：]，卢鑫却把“C”按照汉语拼音声母的读法说成了汉语的声母“C”[ts^h]，“C 罗”也就变成了“呲罗”。这段相声卢鑫利用了“C”在中英文中同形不同音的特点制造了语言包袱。再看下一例：

(8)苗阜：有一天秦始皇起来拿一个“骂普”(音 màpu)，他一看这个“骂普”呀，他就难受。

王声：秦始皇那么大的一国之君，拿一抹布干吗呀？

苗阜：谁说拿抹布啦？

王声：你说秦始皇起来。

苗阜：骂、普！Map！地图！

王声：你这英文跟谁学的呀？

——苗阜、王声《国学大师》

“map”中的“ma”与汉语拼音的“mɑ”在外形上是相同的，但英语单词 map 本应该读[mæp]，所以 map 中的 ma 念[mæ]，而汉语拼音的“mɑ”念[mʌ]。[æ]是次低前元音，[ʌ]是低央元音，发音并不相同。苗阜在这儿故意按照汉语拼音的读法将其读成[mʌp]，塑造了一个英文没学好却好卖弄的文化人形象，让人不得不发笑。这种利用中外语言同形不同音而故意歪读的手法，此前的相声演员还没有用过，是在新时期发展出来的一种语言包袱创新。

第八节　预设与会话含义的应用

一、语义预设的实际应用

《红楼梦》第九十六回《瞒消息凤姐设奇谋　泄机关颦儿迷本性》有一段叙述的是黛玉见了一个丫头低声哭泣询问缘由的事：

> 黛玉问道：“你好好的为什么在这里伤心?”那丫头听了这话，又流泪道：“林姑娘你评评这个理。他们说话我又不知道，我就说错了一句话，我姐姐也不犯就打我呀。”黛玉听了，不懂他说的是什么，因笑问道：“你姐姐是那一个?”那丫头道：“就是珍珠姐姐。”黛玉听了，才知道他是贾母屋里的，因又问：“你叫什么?”那丫头道：“我叫傻大姐儿。”黛玉笑了一笑，又问：“你姐姐为什么打你？你说错了什么话了?”那丫头道：“为什么呢，就是为我们宝二爷娶宝姑娘的事情。”黛玉听了这一句，如同一个疾雷，心头乱跳。

这段话中丫头的话附带隐含着一些背景意义。比如，“我就说错了一句话”暗含着“我说错话了”这个意思，“我姐姐也不犯就打我呀”暗含着“我有一个姐姐”“我姐姐打我了”的意思。下文黛玉就读出了暗含的这些意义，并且立足于这些意义，进一步发问：“你姐姐为什么打你？你说错了什么话了?”又如，“就是为我们宝二爷娶宝姑娘的事情”暗含着宝二爷要娶宝姑娘的重要信息，黛玉得知这个消息，故而心头乱跳。

像这种句子中隐含的背景意义就是语义预设。这种意义哪怕在表否定的句子里也仍然存在。比如，“我不是说错了一句话，而是说错了两句话”中仍然有“我说错话了”的意思，“不是为我们宝二爷娶宝姑娘的事情，而是为别的事情”同样有“宝二爷要娶宝姑娘”的意思。

人们说话时可以巧用语义预设来委婉地获取信息。语义预设实际上是说话人说话时单向认定已经存在的事实，这个事实对听话人来说不一定是事实。有时说话人为了套取某个命题是否是真的，就先单向认定这个命题为真，以此为基础去展开对话，从听话人的反应中来认定命题的真假性。比如说，有个小伙子想知道倾慕的姑娘是否已经有了男朋友，他这样问姑娘：“你男朋友在哪个大学上学？”姑娘回答：“在武汉大学。”

小伙子的问话中暗含一个预设——“你有男朋友”。从姑娘的回答中可以得知，她认同了有男朋友这个预设，于是小伙子就得知姑娘已经有男朋友了。相反的情况是，如果姑娘并没有男朋友，那她多半就会否定小伙子的预设，说：“我还没有男朋友。”小伙子同样也得到了答案。这个实例中小伙子巧妙地利用了语义预设，既不唐突也不尴尬地以间接方式获取了想要的关键信息。

说话时如果分心了，话语、句子中的语义预设有时会不小心暴露出说话人真实的不想说出的想法。请看下面这则笑话：

> 一对新婚夫妇婚后不久便争吵起来。双方各不相让，最后妻子大哭起来。她边哭边说：“我跟你吹！我这就收拾行李回娘家去！”
>
> “那太好了！”丈夫说，“拿去吧，这是车钱。”
>
> 妻子接过钱数了数：“那，回来的路费怎么办？”

这个笑话中妻子的话“回来的路费怎么办”中预设了她还要回来，结果跟她前面表达的要离开家的意思互相矛盾，令人发笑。她话语中的语义预设出卖了她，暴露出她内心潜意识的真正想法。笑话借此日常吵架细节中暗含的预设，揭穿了夫妻吵架并非真吵的生活本质。

下面的《武林外传》台词中，吕秀才的话“倾家荡产也可以”预设他不但有家还有家产，但随后李大嘴说出无家产的事实否定、撤销了这个预设。预设不存在的情况下，吕秀才的说话行为就显得尤为可笑。

> 秀才：要是能把小郭忘了，我就算倾家荡产也可以。
> 大嘴：关键是你好像也没有啥家产哪！
>
> ——《武林外传》台词

警察在侦查询问、断案过程中也经常会故意利用语义预设来获取犯罪证据或断定证据真假。有个华盛顿断偷马案的故事就是这样的：

> 一次，邻居盗走了华盛顿的马。华盛顿和警察一道在邻居的农场里找到了马，可是邻居不肯把马交出，一口咬定马是他自己的。
>
> 华盛顿用手将马的双眼捂住说：“如果这马是你的，那么，你能说出它的哪只眼是瞎的吗？”
>
> “右眼。”邻居说。华盛顿把手从右眼移开，马的右眼光彩照人。
>
> “啊，我弄错了。”邻居纠正说，“是左眼！”
>
> 华盛顿把左手也移开，马的左眼也是光亮亮的。
>
> “糟糕！我又错了。”邻居为自己辩护说。
>
> “够了够了！”警察说，“这已经说明这马不属于你！”

这个例子中华盛顿的问话“你能说出它的哪只眼是瞎的吗？”预设“马有一只眼是瞎的”。而邻居无论是回答“右眼是瞎的”还是回答“左眼是瞎的”，都承认马有一只眼是瞎的，因为两句话都蕴含着这个意义。

灵活运用语义预设是警察常用的审问技巧，就是用隐含的预设让犯罪嫌疑人误以为警方已经掌握犯罪事实和证据，达到以假引真的目的。比如，怀疑某个官员贪污了1万元公款，就可以说："你拿了1万元公款干什么用了?"这句话预设"你拿了1万元"。假如被问的人真的贪污了，就会因为做贼心虚、脑子疏忽等原因无意中承认这个预设，警方因此而得到了证据。类似的问话和预设还有(">"表示"含有这个预设")①：

"盗窃文物的就是你">文物被盗
"你今天必须交代">还没交代
"他们是否加入了你们的团伙">你们有团伙
"现场的指纹是你的">有现场
"用麻醉药杀害了他">有麻醉药

在教外国朋友学汉语时，要想讲清一些词语、结构和句式的用法，就必须告诉学生它们所涉及的语义预设。这些语义预设也是它们用法的一部分。

汉语的强调句"是……的"句型在日常生活中很常用，如"我是昨天回来的"。留学生在学习的时候会经常问，这个句子什么时候用?跟"我昨天回来了"有什么区别?其实这两句话最大的区别是它们的预设不同。"我昨天回来了"这句话预设"昨天之前我出去过"，而"我是昨天回来的"预设"我已经回来了"。因此，常见的场景是，你放假回家，碰上熟人，他会问："啥时候回来的?"你答："昨天。"因为他已经知道你回来了，只是不知道具体时间，"你已经回来了"是他问话的前提。所以，讲"是……的"句型一定要告诉学生：一是强调事件发生的时间、方式、地点等；二是说话时事件早已经发生了(这个就是"是……的"句型的语义预设)。

又如讲"即使……也……"和"尽管……但是……"复句时，很

---

① 陈大为．从语言学角度分析讯问言语及预设的运用[J]．湖南公安高等专科学校学报，2010(3)：35-37.

多教材和老师都说这两种句式都有让步意义、转折意义，结果学生被搞晕了，弄不清两种句式究竟有什么区别。例如，有个越南学生在该用“即使……也……”的地方用成了“尽管……也……”。

> **病句**：在越南，汉语教学主要在大学，而高中、中学或小学，汉语课作为一门外语还是很少，尽管在两个大城市河内、胡志明，汉语教学也普遍在大学。

其实这两种句式的预设是不一样的。例如：“即使明天下雨，我也要去逛街”的预设是“晴天一般会去逛街”；“尽管明天下雨，但是我还要去逛街”的预设是“雨天一般不会去逛街”。所以前者表示不好的条件下也会出现同一结果，后者表示同一个条件下出现不同的结果。对“即使……也……”而言，其假设意义并不是最重要的；对“尽管……但是……”而言，“但是”引导的分句是事实，也不是最本质的意义特征。

二、语用预设的实际应用

言语交际中，说话双方需要具备一定的语境条件、背景知识。这些语境条件、背景知识是说话人已经知道的熟悉的内容。听话人要想理解说话人的话，也得知道这些背景知识，否则就会导致理解受阻、交际失败。这种交际双方所共有的背景知识就是语用预设。比如，张三说：“你跟李四说一声，星期四前必须把作业交给我！”说这句话时，必须有很多前提存在。例如，张三的身份是一位教师，他认为听话人知道李四是谁，他确信听话人会去为他传递这个口信，他早已经布置过作业了，李四没有按时交作业，今天还没到星期四，等等。没有这个前提，说话人说这句话很奇怪，或者一般不会说，而听话人没有这些前提就没法理解句子的意义。

语用预设与语义预设略有不同。语用预设与说话人有关，是一个依存于说话人的概念，是说话人在说话前所做的一系列设想，属于语用学研究范围；而语义预设是一个依存于句子的概念，是句子本身所具有的一层意义，属于语义学研究范围①。

语用预设是说话人的假设，但说话人的假设并不总是正确的，有时发现假设错误后，说话人可以撤销、废弃。比如：

听说他弟弟来了。说错了，他没有弟弟，只有一个妹妹。

小品作者常常利用语用预设来设计包袱。常用的套路是，先说一大段话，使得观众根据这些话语推测出说这些话的背景知识和合适条件，也就是说话人的语用预设，而后又否定这些语用预设，给观众带来意外。例如开心麻花小品《大城小事》中的语言包袱就是这样：

常远：（打电话）喂！物业呀！我跟你们反映个事儿啊！这个小区的停车位让你们设计得太不合理了！车位设计得这么窄，车跟车停得这么近，车门都打不开！多不方便……好在我没有车！还有，以后我跟你们物业提的问题你们要及时改正！我也是为了提升咱们整个小区的品质！你小区的品质上不去，业主住这儿心里多不舒服，幸亏我不住你们小区！行了，你们好好反省一下吧，啊！

这一段中，首先上演的是常远跟物业打电话反映小区车位的问题。一般来说，这么做的前提是，你得有车。有车了，车位才跟你有关系，跟你有关系的事你才会去反映、交涉。但是，常远随后说“好在我没有车”，否定、撤销了这些语用预设。这让观众很意外：“没有车，你干吗说这些话？”后面的包袱也是一样的，先抱怨小区品质，让观众推理出他是小区居民，但是最后却否定这个预设。

相声演员也会利用这一点。例如：

---

① 何兆熊．新编语用学概要［M］．上海：上海外语教育出版社，2000：284.

玉浩：你唱我给你抬杠。
卢鑫：你听清楚啊！
玉浩：（作听状）
卢鑫：听见了吗？
玉浩：没有啊！
卢鑫：我还没唱呢。

——卢鑫玉浩《笑傲江湖》初赛相声

卢鑫问“听见了吗？”的前提是已经唱过了，但是后来却说“还没唱”，取消了这个前提，引得观众大笑。

三、会话含义的实际应用

交际中，说话人说出来的话在特定的语境中往往会有言外之意，这就是会话含义。比如爸爸许诺女儿周六带她去游泳，到了周五，女儿说：“爸爸，明天就星期六了！”结合先前的约定，可看出女儿的意思是提醒爸爸不要忘了游泳的事情。

会话含义分为一般会话含义和特殊会话含义。一般会话含义是以常规关系为基础推导出来的意义，无需语境的参与。比如从“我走进一所房子”可知说话人走进的不是他自己的房子，因为如果走进的是他自己的房子，他会说：“我走进了自己的房子。”特殊会话含义则需要有语境的参与才能推导出说话人说出某个句子的真正意图①。

会话含义是在整句话的基础上结合语境推导出来的，在不同的场合，因交际含义的主体、语境不同，同一句话可能有不同的含义，因此具有不固定性。例如：“这人很实在。”可以含蓄表示某人办事不灵活、迂腐呆板，也可以表示某人很真诚、不虚情假意。

会话含义的不固定性其实也是一种多义性。这种多义性也常被小品、相声用来制造误会和巧合。例如：

---

① 何兆熊．新编语用学概要［M］．上海：上海外语教育出版社，2000：168.

马晶晶：最近家里都挺好的？

郝建：眼巴前还凑合，这以后什么样儿就交给命运吧！

马晶晶：我听说你在单位没事就爱打打乒乓球？

郝建：我检讨，我太贪玩了，打乒乓球害人害己。我以后再打乒乓球，我就自废双手，我不……我拒绝黄、拒绝赌、拒绝乒乓球！

马晶晶：我这么跟你说啊，新调来这位杜局长，巧了，他也喜欢打乒乓球。你明白该怎么做了吧？

郝建：科长啊，你这就为难我了，我最多能管住自己不打，局长我哪敢管啊！

马晶晶：（站起身）郝建啊，你这领会意图的能力也太差了。究其原因，就是你思想上不求上进。我告诉你啊，你要再这样下去，这辈子，你也就是个科员了。

郝建：真的吗？那我就放心了，工作总算是稳定了！

——开心麻花小品《投其所好》

此段中，马晶晶说“我听说你在单位没事就爱打打乒乓球？”，勤恳工作、谨小慎微的郝建推导出领导可能要就此责备他，所以主动检讨，而实际上善于逢迎巴结的马晶晶，说这句话的目的是试图以打乒乓球接近爱打乒乓球的上司。同样的一句话在双方不同的做事思路下有不同的含义，造成了喜剧误会。下文的“你明白该怎么做了吧”仍然是这个套路。结合语境，马晶晶此句话的意思是：你可以通过打乒乓球巴结领导。郝建的大脑中是另一个语境，因此得出不同的意思：管住乱打乒乓球歪风。

上文这个例子运用的是特殊会话含义。下面的例子是一般会话含义的运用。会话含义的不固定性，换一个角度看就是说，会话含义可以被撤销。一句话的会话含义先是 A，后被理解为 B，这样先前的 A 就被撤销了。这一点被相声、小品所利用。例如：

卢鑫：星矢偷眼观瞧，这艾奥亚能耐在我之上。

玉浩：那对。

卢鑫：想赢他，我得使出毕生绝学。

玉浩：什么呢？

卢鑫：天马流星拳。

玉浩：哦。

卢鑫：这天马流星拳可厉害，一秒钟打出一万来拳。

玉浩：哎呀。

卢鑫：一拳也没打着啊。

玉浩：那就别说了。

——卢鑫、玉浩《笑傲江湖》初赛相声

根据常规关系，一秒钟打出一万来拳，可推导出这样的含义：此人一定是个高手，一定有很多拳打在对方身上。可是接下来，卢鑫的话“一拳也没打着”等于撤销了这个含义，达到了出人意料的效果。又如赵本山小品《卖车》：

赵本山：请听题：青春痘长在什么地方不耽误你美观？

范　伟：长在我腰上不耽误我美观！

赵本山：错！

高秀敏：长在别人的脸上不耽误你。不行了……你太笨了你！

赵本山：还长你腰上，长在腰上那是火疖子！

这个片段中，从“青春痘长在什么地方不耽误你美观？”这句话可推导出一般会话含义。根据常规关系，耽误你美观的青春痘一定长在你身上，因为你身上的青春痘与你的美观之间存在明显的、直接的因果关系，人们对这种关系早已熟稔于心，本能上会依据这种关系做出推理。范伟回答“长在腰上”符合人们的推理和预期，但是“长在别人脸上”的答案就出乎预期了，因为长在别人脸上与耽误自己美观的因果关系距离太远，相关度太弱，一般人都不会这么想。

总之，会话含义的不固定性、可撤销性实际上是一种多义性。与多义词、同音词一样，都是同一个形式可以有多种理解。只不过会话含义并不是字面意思，是跟语境与常规关系结合后产生的意义。

第三章　现代汉语语法的应用

第一节　汉语词法与句法的一致性的应用

有一道脑筋急转弯是：

“米”的爸爸是谁？

答案：

“米”的爸爸是蝶。

为什么呢？因为花生米，所以米的妈妈是花，而蝶恋花，所以米的爸爸是蝶。此外，米的外婆是妙笔，因为妙笔生花。

“花生米”“蝶恋花”“妙笔生花”在现代汉语中都是词或成语，是一个意义和结构都不可分割的整体。但是在这个脑筋急转弯里都被理解为句子，其中的“花”“米”“蝶”“妙笔”都是人名。“花生米”意思是“花”这个女人生育了“米”这个人，“蝶恋花”意思是“蝶”这个男人恋上了“花”，“妙笔生花”中“妙笔”也是个女人，她生下了“花”。

为什么本来是词的“花生米”能当作句子来理解呢？细想一下，英语中就很少有这样的现象。这是因为汉语的词法与句法基本一致。

所谓词法，就是语素如何构成词的规则。什么又是语素呢？语言中既有音又有意义的最小单位就是语素，汉语中一般可近似地理解为字，它是构成词语的材料，正如建成墙的砖块一样。比如："国家"这个词就是由"国"和"家"两个语素构成的，或者说两个字构成的。汉语的词大多数是这样的，语言学家给它们取个名叫合成词。这两个字的意义还很相近，古代都是指封地，它们一块成词就像两个兄弟组成一个歌唱组合一样，这样的合成词进一步叫并列式合成词。其他的如"树木""阅读""江湖""领袖"等。有的并列式合成词是由意义相反相对的两个字构成的，如"始终""反正""好歹""死活""动静""开关"等。除了并列式，常见的还有动宾式、偏正式、动补式、主谓式。

动宾式的前一个字表示动作、行为，后一个字表示动作、行为所支配的对象，如"伤心""管家""司机""领队"等。

偏正式的前一个字修饰、限制后一个字，以后一个字为主，如"红旗""火车""单干""狂欢""火红""笔直"等。

动补式的第一个字表示动作、行为，后一个字往往表示结果，补充说明前一个，以第一个为主，如"提高""抓紧""推翻""降低""扩大""说明"等。

主谓式的前一个是被陈述对象，后一个是陈述这个对象怎么样，如"胆怯""性急""地震""年轻""心虚""眼熟"等。

所谓句法，就是词如何构成词组和句子的规则。词与词组合在一起就构成更大的词组。构成的方式中有五种是最常见的，相应地构成的词组就有五类，分别是：并列词组、动宾词组、偏正词组、中补词组和主谓词组。

并列词组：爸爸妈妈　美丽善良　我和你　调查研究　领子和袖子

动宾词组：管理公司　洗衣服　看小说

偏正词组：红色的旗　仔细检查　很直

中补词组：打败了　高兴坏了　搬出去了　看清了

主谓词组：大地抖动　年纪轻轻的　胆子小　性子急

把词和词组比较下，就会发现，两者的内部结构非常相似(见表3-1)。

表 3-1 **词和词组结构的一致性**

类别	词	词组
并列	领袖	领子和袖子
动宾	管家	管理公司
偏正	红旗	红色的旗
动补	扩大	看清
主谓	胆怯	胆子小

有句名言叫做"今天的词法是昨天的句法"，从汉语发展历史角度来讲，今天的很多词在汉语历史上都是词组和句子。这不但造就了两者的内部结构相似，还导致汉语的词大多数是由词根与词根复合而成的，像英语那样的词根后带词缀的词并不多。

但是汉语还有个特点，就是从古至今词法和句法都没有词形变化，其结果是语素与词的界限不够分明，长得一样，对于中国人来说，那都是字。现在作为语素使用的，很多在过去就是独立使用的词；而现在作为词使用的，很多在过去就是非独立使用的语素。所以某个语言单位中的字，既能解读为语素，也能解读为词。前一种解读的结果是，这个语言单位是词；后一种是词组或句子。比如"妙笔生花"，当其构成成分"妙笔""生""花"都是语素，是个相当于词的成语，内部结构为主谓宾("妙笔 | 生 | 花")，字面意思是"笔头上生花"，比喻写作才能很突出。但是"妙笔""生""花"也可以当作三个词，此时"妙笔生花"主谓宾结构的句子。这个句子其实仍然可以解读为字面意思"笔头上生花"。但是由于多义词现象的存在，"妙笔"和"花"被解释为指人，"生"不是指"产生"，而是指"生育"，结果"妙笔"就成了"花"的妈妈，"米"的外婆。在这儿，作为语素的"妙笔""生""花"与作为词的"妙笔""生""花"词形一样，其原因就是没有词形变化。并且，作为成语的"妙笔生花"和作为句子的"妙笔生花"在内部结构上是一样的，都是主谓宾结构。"蝶恋花"的情况与此一样。

"花生米"的情况略有不同。先看作为词的"花生米"，其内部结构是：

花生+米

首先，语素“花”和语素“生”结合出“花生”。“生”是生长的意思，因为“花生”本来叫“落花生”，它是地面上开花，花谢以后花的子房柄深入地下生长结果的。然后“花生”又修饰限制语素“米”，结合成“花生米”。故“花生米”的内部结构是偏正。而句子“花生米”的内部结构是：

花+生+米

具体来说，首先是词“生”和词“米”组合成动宾结构“生米”，然后词“花”与它组合成主谓结构。这里的“生”是生育的意思。因此，作为词“花生米”是偏正结构，作为句子是主谓结构。但就里面的“花生”而言，在词里“花生”是一个单位，在句子里是两个独立的词。之所以能够做两种解读，还是因为不同功能的“花”与“生”没有词形变化。

有个民间故事中的对联也利用了汉语的词可当作词组来理解的这个特点。

> 从前，某员外有一女一子，女儿及笄待嫁。儿子尚年少，正在私塾中读书。那塾师生性刁滑，时常以诗文欺负小姐。小姐出嫁一年后，生了对男双胞胎，回娘家做满月，那刁塾师凑上去，指着双胞胎戏弄小姐说：
>
> “谁是先生子，谁为后生儿?”
>
> 小姐一听，塾师又出污言秽语，就撕破面正颜道：
>
> “后生为我子，先生是我儿。”
>
> 塾师自讨苦吃，只羞得无地自容。在场的众宾听了，一个个笑破肚肠。

故事中的“先生”既可以当词，意思是老师，也可以当词组，意思是“先出生”，与“后出生”相对。

前文说过，有些汉字在古代可以单独用，是个词，但是在现代汉语不能单独用，只能是某个词中的一个语素。相声中有时就利用这一点，故意把今天只能作为语素的字当作词来单独用，来突出古代与现在在语言使用上的反差。例如下面一段：

苗阜：我从最简单的向您学习吧。
王声：嗯嗯嗯。
苗阜：喝茶向您学习吧。
王声：我怎么了呢？
苗阜：你看，王老师。
王声：嗯。
苗阜：人家什么时候出去喝茶。
王声：啊。
苗阜：都有自己的皿。
王声：都有自己的什么？
苗阜：自己的皿呐。
王声：你把那“器”字带上，“器皿”！
苗阜：对，自己的器皿。

——苗阜、王声相声《舞文弄墨》

“皿”在现在汉语中是个语素，不能单用，但这段相声中故意把它当作词来用。另外，“器皿”是个书面语的词，这儿用在口语中，很不合时宜。这两种词语使用错误衬托出了苗阜故作风雅的荒谬可笑。

但是有时同样成分同样结构的单位，作为词与作为词组在意义上有区别。有部电影名叫《钢的琴》，讲述了一位父亲为了女儿的音乐梦想而不断艰苦努力，最后通过身边朋友的帮助用钢铁为女儿打造出一架钢琴的故事。电影为什么不叫《钢琴》呢？显然是“钢的琴”的意义不等于“钢琴”。“钢琴”是偏正结构的词，指一种乐器，因带有钢丝琴弦而得名，但并不是全钢的。但是“钢的琴”是偏正结构的词组，“钢”修饰“琴”，指琴全是钢的，或者至少大部分是钢的，根据电影内容，电影《钢的琴》实际是指“钢的钢琴”。同为偏正结构，“钢的琴”与“钢琴”意义有差别。由此可看出，词的意义经常由两个成分融合而成，而词组的意义经常由两个词组合而成，所以“白菜”不等于“白的菜”，“铁路”不等于“铁的路”，“谢客”不等于“谢谢客人”。

第二节　汉语多义结构的应用

一、汉语的多义结构

微信上有个段子：

> 中国有两个体育项目大家根本不用看，也不用担心：一个是乒乓球，一个是男足。前者是“谁也赢不了”，后者是“谁也赢不了”。最佩服的也是这两支球队：乒乓球队和男足。一支是“谁也打不过”，另一支是“谁也打不过”。

有人评论说：“这汉语的表达也是醉了！”有的说：“汉语真奇妙！”到底怎么奇妙呢？下面我们就来解析下。“谁也赢不了”和“谁也打不过”都属于汉语里的多义结构，确实含有一些汉语独特的地方。类似的多义结构还不少。

要理解这些多义结构是怎么回事，先得知道语法结构和语义结构两个概念。首先来看下面两个句子：

(1)我洗完了。

(2)菜洗完了。

我们要理解“我洗完了”这个句子，既需要判别它的语法结构也需要判别它的语义结构。首先，在语法层面，“我”是主语，“洗完了”是谓语，整个句子是主谓结构。所谓主语，简单地说，就是说话时所涉及的对象，常位于句首；所谓谓语，就是说明这个对象怎么样、具有什么性质或发出什么动作的部分，一般在主语之后。主谓结构就是这个句子的语法结构关系，它告诉我们：这个句子的谈论对象是“我”，“我”怎么样了呢？洗完了。但是，光知道这个，还是没法准确理解这个句子，因为在一定的语境下“我”可能是洗的对象，比如洗澡，也可能是“洗”这个动作的发出者，洗的对象是菜、衣服什么的。前一种情况下“我洗完了”的意思是我洗澡，后一种情况意思是“我”洗完了菜、衣服等。所以，要正确理解，我们还必须知道“我”是“洗”的对象，还是“洗”这个动作的发出者。假设一个场景：妈妈让我和妹妹帮忙洗菜。我俩各挑一堆，我洗得快，妹妹洗得慢。过一会儿，妈妈问：“洗完了没？”我回答：“我洗完了，妹妹还没。”一会儿妹妹也洗完了，我对妈妈说：“菜洗完了，可以炒了。”这个场景中我们知道“我”是“洗”这个动作的发出者，“菜”是洗的对象，然后才能理解句子是表达洗完了菜的意思。这儿所说的动作发出者和动作对象都是从语义上来说的，是语义概念。语言学家还专门给它们取了名字叫施事和受事。因此，表达洗完了菜的“我洗完了”的语义结构就是：[施事+动作]。综上所述，表达洗完了菜的“我洗完了”这个句子，其语法结构关系是“主语+谓语”，其语义结构关系是“施事+动作”。如果“我”是洗的对象同时也是施事者，那么这时语义结构关系是“施事受事+动作”，意思是自己给自己洗澡。

再来看“菜洗完了。”它的语法结构关系也是：主语+谓语，表示说话人的谈论对象是“菜”，“菜”怎么样了呢？洗完了。但是“菜”是受事，不是施事。因此，它的语义结构关系是：受事+动作。

从上面的分析可看出，两句虽然都是主谓结构，但是作主语的情况不同，一是施事做主语，另一是受事做主语。前者叫施事主语，后者叫受事主语。

有了这些知识，回头来看“谁也赢不了”。两个“谁也赢不了”的语法结构是一模一样的，但是语义结构不一样，两个“谁”在句子中所指的对象不一样。

当说到乒乓球时，“谁也赢不了”中“谁”指中国乒乓球的对手，是“赢”的主体，句子中其实省略了赢的对象“中国乒乓球队”，意为任何别的球队也赢不了中国乒乓球队，补充完整为“谁也赢不了中国乒乓球队。”“谁也赢不了”跟“我洗完了”的结构一样，主语“谁”和“我”一样，都是发出动作的人，因此，“谁也赢不了”和“我完了”都表示同一种抽象的意思：[施事+动作]。

当说到足球时，“谁也赢不了”中“谁”指赢球的对象，指任何别的球队，句子中其实省略了赢球的主体“中国足球”，意思为中国足球队赢不了任何别的球队。这种句子跟“菜洗完了”的结构一样。“菜”是主语，也是“洗”这个动作的对象。因此，“谁也赢不了”和“菜洗好了”都表示：[受事+动作]。

从上面的分析可看出，两句“谁也赢不了”表面上的语法结构是相同的，都是“主语+谓语”；实际上语义结构是不同的，一句是[施事+动作]，另一句是[受事+动作]，所以人们会有不同的理解。

“谁也打不过”出现两种理解也是同样的道理。当谈到乒乓球时，“谁”是施事，表示任何别的乒乓球队都赢不了中国队，因为中国乒乓球队水平高；当谈到足球时，“谁”是受事，表示中国队赢不了任何别的足球队，因为中国队足球水平太低。

所以无论是“谁也赢不了”还是“谁也打不过”，产生两种解释的主要原因都是：句法结构相同但语义结构不同。

当然，存在歧义跟施事和受事都是人也有关系。一般来说，当受事不是人或动物时，一般不会有歧义，因为这时受事是无生命的事物，而无生命的事物不易发出动作，也就不易被解读为施事，而只能被解读为受事。比如“菜洗完了”中“菜”只能解读为受事，一般不会产生歧解。

从更宏观的层面来看，是汉语的语法特点决定了歧义的产生。在英语中表示施事的“谁”和表示受事的“谁”是不同的，前者叫主格“谁”，单词是 who，前者叫宾格“谁”，单词是 whom。这样“谁也赢不了”就成了“who 也赢不了”和“whom 也赢不了”两句话，并无歧义。一对比就可发现，汉语的“谁”无论是主格还是宾格都是一样的，词形上并没有不同。正是因为这一点，所以才会出现同样一句话能够有两种理解。而英语的“谁(who)”宾格主格分得很清(当然当代英语也倾向不分了，都用 who)。

这种同一名词宾格与主格的词形不同叫词形变化。汉语的“谁”没主格宾格分别，只是汉语名词缺乏词形变化的一种表现。类似的还有其他代词，如“她、他、我”主格词形和宾格词形一样，而英语的“她”有主格“she”和宾格“her”之分，“他”有主格“he”和宾格“him”之分，“我”有主格“I”和宾格“me”之分。汉语的普通名词就更不分了，“张三打了李四”和“李四打了张三”中的主格“李四”和宾格“李四”词形一样，“张三”也是如此。

实际上，英语中的词形变化并不多，并且还有慢慢减少的趋势。跟俄语的词形变化相比，英语只能算小巫见大巫。俄语所有的名词都有格的区别，共有六个格：主格(做主语)、属格(表示事物的领有者，做定语)、与格(表示给予的对象，做间接宾语)、宾格(做宾语)，工具格(做状语，表工具、方法、被动句的行为主体等)，前置格(做状语，表处所等)。例如：

俄语 папа(“爸爸”)：

(1)主格“爸爸”：**Папа** рассказывает. 爸爸在讲。

(2)属格“爸爸”：Друг **папы** рассказывает. 爸爸的朋友在讲。

(3)与格“爸爸”：Я рассказываею **папе** всè. 我给爸爸讲述着所有的事。

(4)宾格“爸爸”：Я люблю **папу**. 我爱爸爸。

(5)工具格“爸爸”：Книга читается **папой**. 此书正被爸爸读着。

(6)前置格“爸爸”：与 о 等前置词连用，表言语思维的内容。Я рассказываю брату **о папе**. 我给弟弟讲爸爸。

从上面可以看出，俄语的俄语“爸爸”竟然有六个不同的词形，而英语和汉语只有一个。

又如，汉语的“马克西姆为维克多辩解”和“维克多为马克西姆辩解”意思是不一样的(“马克西姆”“维克多”都是人名)，在英语中“Maxim defends Victor”和“Victor defends Maxim”的意思也是不一样的。由此可知，在汉语和英语中词语的先后次序很重要，不同的次序表达的意思不同。但是在俄语中因为词形变化特别发达，词语的次序就不那么重要了，下面的四个句子都是“马克西姆为维克多辩解”的意思①：

Maksim　zašiščajt　Viktora.（用拉丁字母转写）

Maksim　Viktora　zašiščajet.

Viktora　Maksim　zašiščajet.

Viktora　zašiščajet　Maksim.

究其原因，Viktor 的后面加有一个宾格标记 a，这个 a 标明了辩解的对象是 Viktor。这样，不管词语的次序如何变动，我们都知道是为维克多辩解，而不是为马克西姆。这个例子说明，在俄语中词语的次序不那么重要。但是在汉语和英语中，词序就很重要了，因为没有宾格标记，要靠词序来判断名词是主格还是宾格。典型的情况是动词前的是主格，动词后的是宾格。所以，词形变化和词语次序密切相关：词形变化越少，词语次序越严格，反之词形变化越多，词语次序越自由。

德语有四个格，芬兰语则多达十六个格。英语的格不多，除了名词后加“’s”表属格外，一些代词有主格、宾格之分，如“I（主格，我）”/“me（宾格，我）”，“he（主格，他）”/“him（宾格，他）”等。汉语没有严格意义的格范畴，名词、代词的格的意义主要是用语序和虚词来表现的。

我们再来看一条短信：

> 学校食堂一窗口贴一告示：本窗口专卖老师，同时可兼卖学生，不过先卖老师，再卖学生，卖完为止。

这条短信逗趣的地方是其中的“卖老师”“卖学生”有两种意思。短信本想说“卖饭给老师”“卖饭给学生”，但是省略成“卖老师”

---

① Fromkin Rodman V., Robert Hyams, et al. An Introduction to Language [M]. Holt, Rinehart, and Winston, 2013: 48.

“卖学生”，读者很容易理解为拐卖老师和学生。食堂里能卖老师、卖学生当然很搞笑！卖老师在现实生活中不大可能发生，拐卖学生的事件偶有发生，我们就以“卖学生”为例来分析下其中缘由。“卖学生”的语法结构关系只能是：动词+宾语，表示“卖”这个动作和涉及的对象“学生”。作第一种理解的时候，卖的对象是饭，老师、学生是饭传递过程中的接受者，它的语义结构关系是：动作+接受者。作第二种理解的时候，卖的对象是老师、学生，它的语义结构关系是：动作+受事。从上面的分析可看出，两句虽然都是动宾结构，但是作宾语的情况不同，一是接受者作宾语，另一是受事做宾语。因此，这条短信搞笑的主要原因还是：句法结构相同但语义结构不同。

同样，导致句法结构相同但语义结构不同的，还是汉语不同功能的名词缺乏词形变化。也就是说，宾格的名词“学生”“老师”和与格的名词“学生”“老师”在词形上完全一样。假如在俄语中，是不会有歧义的。

因此，“谁也赢不了”“谁也打不过”和“卖老师”“买学生”产生两种理解的根本原因是，汉语不同功能不同格的名词，词形一样，没有词形变化。这样的结构在其他词形变化丰富的语言中也许就不是多义结构。古话说得好，“不识庐山真面目，只缘身在此山中”，如果光知晓汉语，不与英语、俄语等比较，这些原因还真看不出来。所以多了解其他语言，能够帮助我们正确深入地认识母语汉语的特点。

2010 年 12 月 21 日，网易新闻主页有这样一条新闻《李娜捐出巨额奖金献爱心　全年捐献已高达 130 万元》。新闻下面网友的第一个评论是：

一年收入 800 多万就捐了 130 万元，无与伦比！

结果，围绕这条评论后面的网友吵起来了，吵得不可开交(见图 3-1)。

从网友的争吵中可看出，原来这句话既可以表达李娜捐款很多的意思，又可以表达捐款太少的意思。真是太神奇了，同样的一句

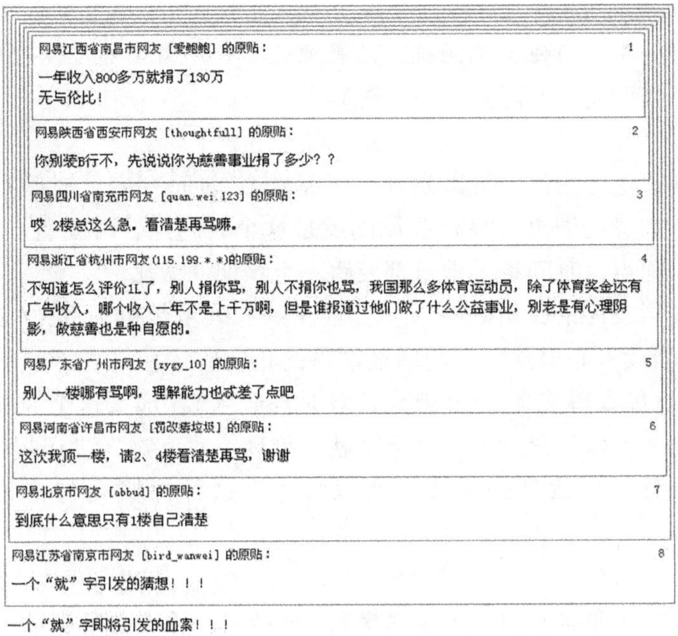

网易江西省南昌市网友［爱鲍鲍］的原贴： 1

一年收入800多万就捐了130万

无与伦比！

网易陕西省西安市网友［thoughtfull］的原贴： 2

你别装B行不，先说说你为慈善事业捐了多少？？

网易四川省南充市网友［quan.wei.123］的原贴： 3

哎 2楼总这么急。看清楚再骂嘛。

网易浙江省杭州市网友(115.199.*.*)的原贴： 4

不知道怎么评价1L了，别人捐你骂，别人不捐你也骂，我国那么多体育运动员，除了体育奖金还有广告收入，哪个收入一年不是上千万啊，但是谁报道过他们做了什么公益事业，别老是有心理阴影，做慈善也是种自愿的。

网易广东省广州市网友［zygy_10］的原贴： 5

别人一楼哪有骂啊，理解能力也忒差了点吧

网易河南省许昌市网友［罚改痿垃圾］的原贴： 6

这次我顶一楼，请2、4楼看清楚再骂，谢谢

网易北京市网友［abbud］的原贴： 7

到底什么意思只有1楼自己清楚

网易江苏省南京市网友［bird_wanwei］的原贴： 8

一个“就”字引发的猜想！！！

一个“就”字即将引发的血案！！！

图 3-1 李娜新闻网友评论

话居然解读出完全相反的两种意思，这是怎么回事呢？其实跟副词“就”的不同用法有关。

先看意思为“捐款多”的情况。“就”最常用的用法是表示现实时间比预期时间早，例如：

9 点上课，他 8 点就来了。（预期时间是 9 点，实际时间是 8 点）

或者是时间量比预期的少，例如：

一般要花四个小时做，他三小时就做完了。（预期时间是四小时，实际时间是三小时）

或者是数量比预期的少，例如：

本以为他要吃两碗，结果他吃了一碗就不吃了。(预期数量是两碗，实际数量是一碗)

观察这些用法，可以发现：一是“就”前面有表示时间点、时间量、数量的词语，“就”强调的就是这个时间点、时间量、数量；二是时间点、时间量、数量都要跟一个预期的做比较。

而网友评论那句话中，“就”前正好有表示数量的词语“800多万”。当读者心里预想：网球运动员的正常收入应该比800多万元多时(比如赢得奖金1000万元才算是高收入)，那么这个800多万元相比之下就显得少了。接下来就会推理：收入这么少还捐了130万元，意思当然是捐得多，所以惊呼：这种慷慨无与伦比！如下例：

一年收入<u>800多万</u>就捐了130万元，无与伦比！
预期：1000万元

表达这个意思在读音上也有表现，即“就”要轻读，“130万元”要重读。

再看意思为“捐款少”的情况。“就”还有一个用法：当表示数量的词语出现中“就”后面时，说话人认为数量比预期的少。“就”要重读，相当于副词“只”。例如：

他就喝了五瓶儿。(没超过五瓶，没多喝)
招聘会上就来了三个学生。(没超过三个，没多来)

“他就喝了五瓶儿”意思是说没超过五瓶儿，“五瓶儿”跟“六瓶儿、七瓶儿、八瓶儿……”比，不算多，极言其少，也可说成：“他只喝了五瓶儿”。“三个学生”也是这样。

在解读网友评论那句话时，如果把它后面的“130万元”作为强调对象，读者就会预想：收入800万元应该捐款高于130万元才算正常，比如200万元。结果只捐了130万元，跟200万元相比，130万元当然显得少了，整句话意思就是捐得少。所以惊呼：这种小气无与伦比！如下例：

一年收入800多万就捐了130万元，无与伦比！

预期：200万元

这样解读时，“就”就要重读，“130万”要轻读。

总之，同样一句话，因为“就”强调的对象不同，读的轻重不同，而出现了截然相反的两种意思。

这样的句子，汉语中屡见不鲜。例如：“我也教数学。”这句话，当强调对象是“我”时，是拿我跟其他教数学的人相比较。比如，当听说某个刚认识的人教数学时，你会说：“啊？你教数学！我也教数学呢！”当强调对象是“数学”时，是拿“数学”跟“我”所教的其他学科相比较。比如，你刚给某班上过美术课，第二天又给这个班上数学课，学生们很意外，没想到你还教他们的数学。你会说：“对啊？我教美术！我也教数学呢！”

又如“他在火车上写字。”，也有两种意思。解读每一种意思主要看“在火车上”关联的是谁：关联的是“他”，意思为他在火车上，字不一定在火车上；关联的是“字”，意思为字在火车上（火车的车厢外壁或内壁），他不一定在火车上。

话说有个人叫张三，与一个姓王的人有矛盾。一天两人恰好被人邀请同桌吃饭，主人请张三点菜，他说：“我要清蒸王八！”这里的“清蒸王八”有明里暗里两种理解。明面上是指以甲鱼为食材用清蒸方式做成的一道菜，这时“清蒸”是说明修饰“王八”的定语。暗里“清蒸王八”跟“吃米饭”是一样的结构，“清蒸”表示动作，“王八”指王姓的人，是“清蒸”的宾语，意思是我恨你恨得想杀了你。所以这个人很狡猾，说这句话属于一语双关。从语法结构上看，同一个“清蒸王八”，既能是名词性的“定语+中心语”结构，也能是动词性的“动词+宾语”结构。

类似的现象还有很多。“百度知道”上有个网友问：“办理加拿大技术移民是否需要补充材料?"这句话没说清楚，因为里面的"补充材料"可以有两种理解：补充一些材料(是一个动作行为)或补充的材料(是一个事物)。有的网友就问得很清楚，比如这么问："到英国度蜜月签证需要哪些补充材料?"这里的"补充材料"只能理解为补充的材料。又有一个网友问："档案里怎么证明我工作过?需要补充哪些材料?"这里的"补充材料"只能理解为动作行为。

汉语里出现这样的多义结构归根结底还是缺乏形态变化。不过这次是动词的问题。英语的动词如果做谓语中心带宾语的话，一般会有时和体的形态变化，后面会加 ed(过去时)，ing(进行时)，s(第三人称一般现在时)等，与 have、be 等配合出现；如果做定语起修饰作用的话，则会后面会加 ing，做主语宾语则变为动名词。这些不同的形态变化表达了不同的意义，因此不会有多种解读的现象。但是汉语的动词无论是做谓语中心，还是做修饰成分或是做主语宾语，长得都一样，没有词形变化，所以同一个动词在某句话中做多种解读都有可能，这样造就了大量的多义结构。其他还有"出租汽车""进口机电产品"等。

以上这些多义句子、多义结构尽管存在多义，但在停顿、切分的地方并没有不同，如"清蒸王八"不会念成"清蒸王 | 八"或"清 | 蒸王八"。然而，有的多义结构恰恰就是由于可以在多处停顿而产生多种理解。例如下面这条短信：

> 护士看到病人在病房喝酒，就走过去叮嘱说："小心肝!"病人微笑道："小宝贝!"

护士关心病人的肝的健康，所以提醒病人"不要喝酒，对你的肝不好，小心你的肝"，其实她说的是"小心 | 肝"。而病人，也许是处于身体虚弱的状态，特别想得到他人的关心和安慰，所以把这句话听成了"小 | 心肝"。"小心肝"这个称呼是个非常亲昵的称呼，既然对方把他称为小心肝儿，因此，他就把对方称为同样是亲昵称呼的"小宝贝"。

网上有条新闻标题叫作"代表们正在聊城市消费"。这个标题

可以读作“代表们正在 | 聊 | 城市消费”，意思是代表们在讨论有关城市消费的问题，这应该新闻写作者的本意。但是，也可以读作“代表们正 | 在 | 聊城市 | 消费”，意思是代表们在消费，地点在山东省聊城市。

二、多义结构的利用

由上可以看出，由于汉语没有形态变化、语义关联多样化等特点，汉语的多义结构特别多。这个特点为许多语言创作者注意到，在很多语言运用场合都能巧妙地利用多义结构来达到特定的表达效果。

多义结构是创作幽默段子经常利用的手段，比如下面流传很广的这个段子：

> 昨天有一个朋友问我，问武汉市长是不是叫江大桥，我说不是啊。他说那我坐火车在武汉过江的时候怎么看到一个广告牌上写着：武汉市长江大桥欢迎您！

本来应该念“武汉市 | 长江大桥欢迎您!”，被念成了“武汉市长 | 江大桥 | 欢迎您!”。当然这里也能“长”是个多音字有关系，口语中是没有歧义的。

有的脑筋急转弯也是利用多义结构：

> 小王坐火车从天津去北京需要一小时，回来时却需要两个半小时。为什么？

答案当然不是“坐慢车”“坐特快”之类的。这里面的“两个半小时”，一般念做“两个半 | 小时”，但也可念做“两个 | 半小时”。半小时加上半小时当然就是一小时了。

多义结构也经常用于广告语的制作中。上海三菱电梯的广告语是：“上上下下的享受”，既表示在三菱电梯中上上下下的过程是一种享受，也表示高楼里高层和底层乃至整楼的人用三菱电梯是一种享受。美的集团的空调广告语“美的空调，美的享受”，也不错。“美的空调”既能理解为“美的”牌的空调，也能理解为“美”的空调。这些多义结构的巧妙利用，言简意赅，含蓄隽永，传播效果很好。

相声演员经常故意错误停顿，人为制造出一个歧义结构，来设计语言包袱。例如下例中郭德纲就故意把“一｜蜘蛛人”念成“一蜘｜蛛人”，谐音“一只猪人”。当然，这个包袱很生硬，因为日常生活中并没有“猪人”这样的事物和词语。

郭德纲：他父亲是最让我佩服的，竟然干过那个高空擦玻璃。

于　谦：高空擦玻璃，现在说那叫蜘蛛人。

郭德纲：对，他父亲是一蜘(停顿)蛛人。

于　谦：猪人哪！

郭德纲：什么？

于　谦：蜘蛛人！

——郭德纲、于谦相声《完美人生》

三、多义结构的误用

多义结构的存在也给交际、表达、写作带来一些不方便，经常造成意思模糊、难以理解甚至误解。例如某篇新闻稿中的这句话：“城管打人算不上什么新闻，但城管打死人的新闻却让人震惊。”它想表达的，究竟是城管把活人打死？还是连死人也不放过，也要打？像这样的句子最好换一种表达，比如换成“把人打死”就很清楚了。

笔者曾经有位女学生，叫马静。我的 QQ 里有一位“马静同学”，很长时间里我都以为“马静同学”是马静，但看她的 QQ 空间里的内容，却又都是一个男生的生活点滴，我一直感到很奇怪。直到有一天，在 QQ 上真马静跟我说话，才知道“马静同学”不是她，而是她的同学。原来是当初马静觉得我这个老师还不错，就向她的外地同学推荐了我，那个同学加了我的QQ，我顺手备注为“马静同学”。看来，“马静同学”既可以作为同位结构指马静一个人，也可以作为定中结构指另外一人马静的同学。但是，如果当初标注为“马静的同学”，就不会误解了。

一些“通知”“操作规程”等公文中也经常会出现一些含有歧义的句子，造成指令不明确，让接受指令的下级人员无所适从。

比如，某行政单位《关于评选××××年度教育厅人文社会科学研究成果奖的通知》中有这样一条：“申报人员提交材料包括：(1)所申报成果原件，包括论文、著作和研究报告的采纳证明原件。”这里面的“论文、著作和研究报告的采纳证明原件。”就有两种意思。一种意思是让提交三种材料：申报人员的论文原件，申报人员的著作原件，申报人员的研究报告的采纳证明原件。另一种意思是让提交论文的采纳证明原件、著作的采纳证明原件以及研究报告的采纳证明原件。下级人员发生误会后经过沟通，终于明白下发校方通知的人是想表达第一种意思。其实如果不想发生误解，可以这样表述：“申报人员提交材料包括：(1)所申报成果原件，包括研究报告的采纳证明原件、论文原件和著作原件。”

又如，《全国大学英语四、六级考试监考操作规程》有这样一条“要求考生将相关信息填写完整后，将试题册背面向上放回至桌子左上角。提示考生提前翻阅试题册，将按违规处理。”“提示考生提前翻阅试题册，将按违规处理。”这句话本来的意思是，要求监考老师提前告知考生：如果考生提前翻阅试题册，对考生的这种行为将按违规处理。但是，这句话表达的实际意思是，如果老师提示考生提前翻阅试题册，那么将对老师的这种提示行为按违规处理。这显然是荒唐的。前一种意思其实是一种动宾结构，结构层次为：[提示考生[提前翻阅试题册，将按违规处理]]，如下所示：

提示考生提前翻阅试题册，将按违规处理。
| 动 | | 宾 |

显然，“提前翻阅试题册，将按违规处理”是“提示考生”的

宾语。

后一种意思其实是一种假设条件复句，结构层次为：[提示考生提前翻阅试题册]，[将按违规处理]，如下所示：

提示考生提前翻阅试题册，将按违规处理。
|＿＿＿条件＿＿＿| |＿结果＿|

显然，前半句是条件，后半句是结果。因此，要想表达第一种意思，可以在“提示考生”后加一冒号来显示结构层次，这样就比较明确清楚，即这样表述：“提示考生：提前翻阅试题册，将按违规处理。”

这本操作规程还有类似的另一条——“要求并提示考生非听力考试期间不得佩戴耳机，否则按违纪处理。”，也存在同样的表达问题。

又如某单位下发的《关于采集及核对个人养老保险信息的通知》：

校属各单位：

根据国家和我省关于机关事业单位养老保险制度改革推进的总体部署和要求，为保证我校此项工作的顺利进行，人事处现进行养老保险个人基本信息核对工作，请各单位派专人于×月××日下午到人事处劳资科领取个人基本信息汇总表，表格空白处严格按照填表说明填写，未在表格中的省在编人员依照表格内容补充完整，同时上交个人身份证复印件。

人事处

××××年×月×日

下属单位工作人员接到这个通知后，理解为：未在表格中的省在编人员的信息，要依照表格内容补充完整，同时上交这部分人员的个人身份证复印件。结果，这些身份证复印件上交后，上级说所有省在编人员的身份证复印件都要上交。办事人员烦恼不已。“同时上交个人身份证复印件”中的“个人”既可以指未在表格中的省在编人员，也可以指所有的省在编人员，包括在表格中的和不在表格中的。但是因为“同时上交个人身份证复印件”这句话，紧跟着“未在表格中的省在编人员依照表格内容补充完整”后面，因而“个人”与“未在表格中的省在编人员”的距离最近，因此人们会首先把“未在表格中的省在编人员”作为“个人”的指称对象，所以理解为上交部分人员的身份证复印件是正常的。从这一点来看，原通知写得不够严谨，“个人”的指称有多种可能，为避免这种情况的发生，最后一句应该改为：“同时上交所有在编人员的身份证复印件。”

有的时候，考试中试题表述也出现了不该有的歧义句，给考生、教育行政部门带来了本可避免的负面影响。2017 年河南中考刚刚落幕，一道数学考试题在家长群中“炸了窝”。许多家长反映，该题题干的表述有歧义，可能会造成考生误解。原题如下：

> 学校“百变魔方”社团准备购买 A、B 两种魔方，已知购买 2 个 A 种魔方和 6 个 B 种魔方共需 130 元，购买 3 个 A 种魔方和 4 个 B 种魔方所需款数相同。
>
> (1) 求这两种魔方的单价；
>
> (2)……

学生和家长的争议点是，“购买 3 个 A 种魔方和 4 个 B 种魔方所需款数相同”中“相同”究竟是指谁与谁相同。

第一种理解是：3 个 A 种魔方的价格与 4 个 B 种魔方的价格相同，即 $3A=4B$。第二种理解是：该句与前一句“已知购买 2 个 A 种魔方和 6 个 B 种魔方共需 130 元”是同一语境，应理解为，3 个 A 种魔方和 4 个 B 种魔方的总价，与 2 个 A 种魔方和 6 个 B 种魔方的总价相同，均为 130 元。即：$3A+4B=130$。

针对两种理解，答案各不相同。答案一：A 魔方的单价为 20 元，B 魔方的单价为 15 元；答案二：A 魔方的单价为 26 元，B 魔方的单价为 13 元。

而最初的《2017 年河南省普通高中招生考试试卷、参考答案及评分标准》中给出的答案，是按照第一种理解计算出来的，即：A 魔方的单价为 20 元，B 魔方的单价为 15 元。

事情发生后，河南省教育厅对此高度重视，立即责成河南省基础教育教学研究室组织省内相关专家进行充分论证。结论如下：该题不存在科学性错误，但在文字表述上不够精准，致使部分考生产生不同理解。按照题目给定的条件，可以有两种解法。除《2017 年河南省普通高中招生考试试卷、参考答案及评分标准》给定的解法和答案外，还有另外一种解法和答案。两种解法都能考查出同样的数学思维和方法，且难度相当。也就是说，官方承认两种理解都是可以的。

这个命题的表述存在的问题是多方面的，标点、省略、语序都有涉及。首先是标点不清。如果“已知购买 2 个 A 种魔方和 6 个 B 种魔方共需 130 元”后是个分号或句号，就能让读者知道，后一句话与前一句话意义各自独立，彼此联系不很紧密，“相同”的双方是购买 3 个 A 种魔方所需款数和购买 4 个 B 种魔方所需款数。其次是省略不当，语序不当。比较句中，两个比较项如果中心语相同，一般后一项的会省略，比如“我的衣服比他的漂亮”“我的衣服跟他的一样漂亮”，人们很少说“我的比他的衣服漂亮”“我的跟他的衣服一样漂亮。”此题中，“购买 3 个 A 种魔方和 4 个 B 种魔方所需款数相同”中的比较项分别是“购买 3 个 A 种魔方所需款数”和“购买 4 个 B 种魔方所需款数”，省略的话应该后一个“所需款数”省略，表达为“购买 3 个 A 种魔方所需款数和购买 4 个 B 种魔方相同”。因此表达第一种意思应该这么表述：

> 学校“百变魔方”社团准备购买 A、B 两种魔方。已知：购买 2 个 A 种魔方和 6 个 B 种魔方共需 130 元；购买 3 个 A 种魔方所需款数和购买 4 个 B 种魔方相同。

表达第二种意思应该这么表述：

> 学校“百变魔方”社团准备购买 A、B 两种魔方。已知：购

买2个A种魔方和6个B种魔方共需130元，购买3个A种魔方和4个B种魔方也需130元。

这样就不会有歧义和误解了。

这些事例说明，像重大考试、通知之类的文本在发布之前一定要有专业的语言文字工作者来审读，以发现、纠正语言表达错误。

事实上，很多多义结构在一定的语境中，在上下文中并没有歧义，读者会自动调取相关知识来获得正确理解。单看“前日本人接受一家平面报纸访问”这句话，既可以是“前 | 日本人 | 接受一家平面报纸访问”，也可以是“前日 | 本人接受一家平面报纸访问”。但它其实只是影视明星刘亦菲微博中的一句话，全文如下：

可爱的记者又善意地润色了我的话语，你可能觉得这样写更可爱，但这确实不是我的话，前日本人接受一家平面报纸访问……(刘亦菲 搜狐微博 2011.12.30)

添上上下文，只能取后一种理解。

多义结构很不利于计算机语言信息处理，在自动翻译、语音输入时有的难于自动分词，有的难于获得确切所指。上面刘亦菲微博这段话在谷歌翻译中英语译文如下：

Lovely journalist and polite to my words, you may think it is more lovely to write, but this is not my words, the former Japanese to accept a plane newspaper access...

译文中“前日 | 本人”被译成了“the former Japanese”，即软件分词时错误地分成了“前 | 日本人”。

多义结构这么不好，为什么汉语中还要留它呢？因为它并非一无是处。任何自然语言都有多义结构。这是因为人们每天要表达的意义丰富复杂，千差万别，如果每一个意义都要用一种结构来表达，那么语言中将会出现上万亿的不同结构，这样会给我们学习语言、使用语言以及大脑处理信息带来巨大的负担。实际上任何一种自然语言，并没有大量的结构规则，词汇也只是以万计。无穷的意义表达，却只靠少量的结构和有限的词汇来运转，当然使得有些结构必须具有多种意义。因此，从正面来看，多义结构能够减少语言单位、语言结构，利于语言学习和使用。这正符合人脑信息储存能力有限，但是信息加工能力强的特点。

第三节 “地”“的”“得”的用法

近年来，影视节目字幕上，虚词“地”“的”“得”三词混用、误用的现象比比皆是，惨不忍睹。例如图 3-2，图 3-3 所用：

图 3-2 “得”的误用（电视剧《大男当婚》20 集）

三个“de”究竟怎么用呢？

“的”的用法比较简单常见，一般不会用错，主要有两种。第一种，通俗地讲，用在名词前面。这个“的”表示名词前的词语是它的修饰成分，是定语。换句话说，这个“的”放在修饰限制成分

图 3-3 “得”的误用(综艺节目《中国星跳跃》20130413)

和名词之间，是定语标志。“的”后的名词是意义的中心，是表义最重要的部分。例如：

我的书包　漂亮的书包　沉重的书包　刚买的书包

通俗地讲，这些结构都是“次+主”结构。

第二种用法是用在某些词或词组后面，构成具有名词性的“的”字结构，这种“的”字结构指代相关的事物。例如，有些父母经常这样训斥不听话的子女：“你吃的喝的，哪一样不是我挣来的？”这里的“吃的”“喝的”，是动词后面跟着一个“的”，指代吃的东西和穿的东西。又比如，我们去商场买衣服，经常会问：“你觉得这件红的好还是这件绿的好？”这里的“红的”“绿的”，是形容词后面跟一个“的”，指代红的衣服和绿的衣服。其他如，“要饭的”“买菜的”“教书的”指代从事某种职业的人。

“地”通俗地讲，用在动词前面。这个“地”表示动词前的词语是它的修饰成分，是状语。换句话说，这个“的”放在修饰限制成分和动词之间，是状语标志。“地”后的动词是意义的中心，是表义最重要的部分。例如：

小乌龟还在慢慢地爬着。

部队迅速地前进。

小偷狠狠地瞪他一眼。

通俗地讲，这些结构也是“次+主”结构。

但是，注意下面句子里的动词：

我等着下一个春节的到来。

这里的“到来”是动词，但是前面却不能用“地”。原因是，“下一个春节 de 到来”整个相当于一个名词，在句中做宾语。“下一个春节到来”本来是一个句子，中间插入一个“de”让这个句子变得像个名词了，然后做主语或者宾语。有鉴于此，这个“de”应该用“的”。其他例子如：

进行了深刻的反省。（“反省”是动词，“深刻的反省”做宾语）

她的到来给公司带来新的希望。（“她的到来”做主语）

“地”也可用在形容词前面，比如“非常地痛快”，不过这种句子比较少。

图 3-4，图 3-5，图 3-6 中的“的”都应该用“地”。

细心的读者会发现，“的”和“地”前面的词语都是修饰成分，因此这两个“de”在功能上是相同的，只不过一个是修饰名词的，一个是修饰动词的。所以，如果有人把“的”“地”都写作“的”，不算大错，反正都是表示修饰成分。

“得”，用在动词、形容词后面，表示在它后面的词语是前面动词或形容词的补语，表示动作、行为的结果、程度、状态，或者性质的程度等。“地”前的动词形容词是意义的中心，是表义最重

图 3-4 “地”的误用(《欢乐喜剧人》第三季 20170205)

图 3-5 “地”的误用(《欢乐喜剧人》第三季 20170205)

图 3-6 “地”的误用(《欢乐喜剧人》第三季 20170205)

要的部分。

跳得高
爬得过去
说得很清楚
白得像雪一样
胖得走不动路了

通俗地讲，这些结构都是“主+次”结构。

比较“的”“地”与“得”会发现，前两个表示的是“主+次”关系，后者表示的是“次+主”关系，所以该用“得”的时候绝不能写做“的”。目前，荧屏上出现最多的错误就是，该用“得”的时候写作了“的”。

有时候，把“得”写作“的”会产生误解。比如：图 3-7 中本来应该是“来得正好”却写作了“来的正好”。

图 3-7 “得”的误用(《欢乐喜剧人》第三季 20170205)

但是“来的”可能会表示人。看下面这个小故事：

有个人请客，时间过了，还有一大半的客人没来。他心里很焦急，便说：“怎么搞的，该来的还不来?”一些敏感的客人听到了，心想："该来的没来，那来的是不该来的?"于是悄悄地走了。

这里的"来的"指代已经到来的客人，所以"来的"与"来得"混淆不得。又如"来的好"，指来的人好；"来得好"指来的时机正好，意思大不相同。

希望各个电视台和影视制作公司的文字工作人员，提高汉语素养，少出差错。

第四节　汉语篇章语法的应用

看下面一段话：

大楼前面停着一辆"桑塔纳"小轿车。小轿车已经走入中国的千家万户。中国市场移动支付的规模要比美国大近50倍。数据显示美国通胀升至近4年来新高。

这虽是一段话，却不是一个篇章，原因是各个句子之间语义不相关、不连贯。首先，同样的词语先后的意义、指称不相关。第一句的"'桑塔纳'小轿车"与第二句的"小轿车"在具体语境中的所指不同，其后的两个"中国"和两个"美国"也建立不了语义上的联系。其次，整段话没有一个中心，每一句都在讲一件新的事情，读完后感觉不知所云、东扯西拉。一段话如果没有话题中心，或者每句话都引出一个新的话题，这样的语段就不是篇章。因此，句子构成篇章是有一定的规则的，这些规则就是篇章语法。

那什么才是篇章呢？下面这段话就是典型的篇章：

(1)张海天是一名退休的交警，虽离开了工作岗位，却"身在曹营心在汉"。最近，县城的主干道封闭施工，过往车辆都从河东路绕行。该路路况差，没有路灯，一到了晚上，就变得一片漆黑。张海天因担心那里的交通秩序，每天晚饭后，都忍不住去转转。这天晚上，张海天又去了河东路。走着走着，突然发现路边躺着一个人。他不由心里"咯噔"一下，赶紧蹲下仔细查看。这不看不打紧，一看吓一跳。为啥？那人倒在地上一动不动，已经没有了知觉，身旁有一大堆血。张海天倒吸一口凉气，救人要紧啊！他来不及多想，赶紧掏出手机拨打了120。

(2)刘家峧有两个神仙，邻近各村无人不晓：一个是前庄上的二诸葛，一个是后庄上的三仙姑。二诸葛原来叫刘修德，当年做过生意，抬脚动手都要论一论阴阳八卦，看一看黄道黑道。三仙姑是后庄于福的老婆，每月初一十五都要顶着红布摇摇摆摆装扮天神。(赵树理《小二黑结婚》)

这两段话的各个句子都紧紧围绕各自的话题中心"退休交警张海天""刘家峧的两个神仙"，语义连贯。这样的语段就是篇章。

语义连贯至少可以从三方面理解：一是有一个话题中心；二是上下句之间语义相关，三是读起来流畅。要达到连贯的效果，有时需要一些语言形式上的使用技巧，这就是衔接手段。

因此，篇章并非是互不相关的句子的简单堆砌，而是一些意义相关的句子为达到一定交际目的，通过各种衔接手段而实现的有机结合体。

一、句子的信息结构

语义连贯的第一条衔接手段就是，段落中的每句话都要遵循句子的信息结构。什么是句子的信息结构呢？我们先来看一个反面例子，如图 3-8 所示：

图中文字抄录如下：

梅兰芳小时候去拜师学艺，师傅说他的眼睛没有神，不是唱戏的料子。

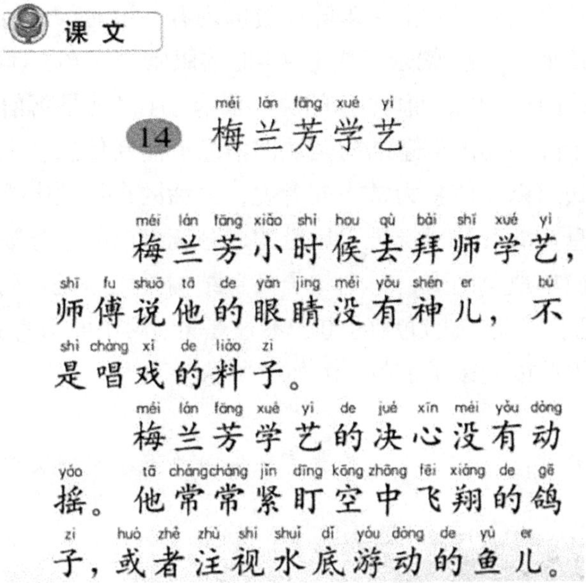

课文

méi lán fāng xué yì
14 梅兰芳学艺

méi lán fāng xiǎo shí hou qù bài shī xué yì
梅兰芳小时候去拜师学艺，
shī fu shuō tā de yǎn jing méi yǒu shén er bù
师傅说他的眼睛没有神儿，不
shì chàng xì de liào zi
是唱戏的料子。
méi lán fāng xué yì de jué xīn méi yǒu dòng
梅兰芳学艺的决心没有动
yáo tā chángcháng jǐn dīng kōng zhōng fēi xiáng de gē
摇。他常常紧盯空中飞翔的鸽
zi huò zhě zhù shì shuǐ dǐ yóu dòng de yú er
子，或者注视水底游动的鱼儿。

图 3-8　苏教版小学语文课本二年级上册第 14 课

梅兰芳学艺的决心没有动摇，他常常紧盯空中飞翔的鸽子，或者注视水底游动的鱼儿。

这是小学语文课文中的两段话。虽然也有话题中心，上下句之间语义也相关，但是读起来却磕磕绊绊的，不流畅。笔者将第二段第一句稍加改动，变成了：

梅兰芳小时候去拜师学艺，师傅说他的眼睛没有神，不是唱戏的料子。

这并没有动摇梅兰芳学艺的决心，他常常紧盯空中飞翔的鸽子，或者注视水底游动的鱼儿。

这样是不是就流畅多了？改过后的“这并没有动摇梅兰芳学艺的决心”好在哪儿呢？其实只是调整了一下句子的信息结构而已。句子中的词语，有的是指代上文陈述过的内容，这时候所传达的就是旧信息；有的是引入上文未陈述过的内容，这时候所传达的就是新信息。比如："这"就是指代上文"他的眼睛没有神，不是唱戏的料子"，属于旧信息。而"学艺的决心没有动摇"则是新信息。一般来说，一个陈述句的信息结构是从旧信息流向新信息。主语以旧信息为常，宾语以新信息为常。或者说，说话的自然顺序要从旧信息说到新信息。随着句子推进，靠后的成分比靠前的成分提供更多的新信息。简单地总结下，单个句子信息结构规则就是：句子=旧信息+新信息。因此，改过后的句子不过是遵循了"旧信息+新信息"的规则，因此读起来更流畅。① 如下所示：

句子：　　这　　并没有动摇梅兰芳学艺的决心

信息结构：旧信息　新信息

再看另一篇小学语文课文的两段话(见图 3-9)：

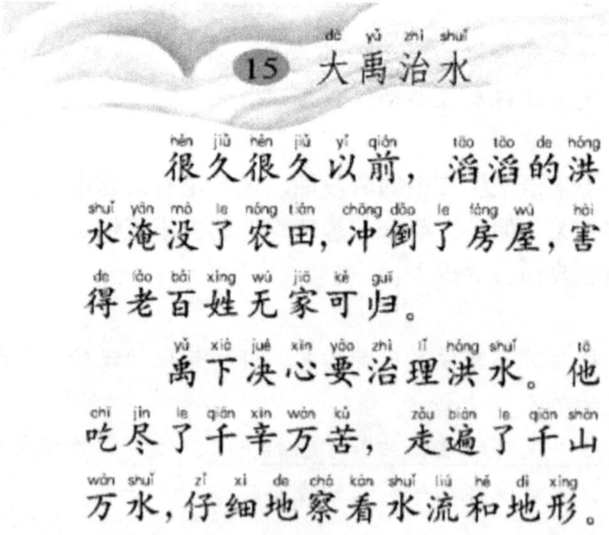
dà yǔ zhì shuǐ
15 大禹治水

hěn jiǔ hěn jiǔ yǐ qián, tāo tāo de hóng shuǐ yān mò le nóng tián, chōng dǎo le fáng wū, hài de lǎo bǎi xìng wú jiā kě guī.
很久很久以前，滔滔的洪水淹没了农田，冲倒了房屋，害得老百姓无家可归。

yǔ xià jué xīn yào zhì lǐ hóng shuǐ. tā chī jìn le qiān xīn wàn kǔ, zǒu biàn le qiān shān wàn shuǐ, zǐ xì de chá kàn shuǐ liú hé dì xíng.
禹下决心要治理洪水。他吃尽了千辛万苦，走遍了千山万水，仔细地察看水流和地形。

图 3-9　苏教版小学语文课本二年级上册第 15 课

① 徐赳赳．现代汉语篇章语言学[M]．北京：商务印书馆，2010：433.

很久很久以前，滔滔的洪水淹没了农田，冲倒了房屋，害得老百姓无家可归。

禹下决心要治理洪水，他吃尽了千辛万苦，走遍了千山万水，仔细地察看水流和地形。

这里，上下段的衔接同样不连贯，句子没有遵循从旧信息到新信息的规则。第二段第一句“禹下决心要治理洪水”中的“洪水”是上文提到的内容，为旧信息，应该想办法尽量靠前。另外，还需想办法引入上文描述的洪水带来的后果。考虑这两点，可以改为：“看到这些悲惨的情景，禹下决心：一定要把洪水治理好。”整段话就变成了这样：

很久很久以前，滔滔的洪水淹没了农田，冲倒了房屋，害得老百姓无家可归。

看到这些悲惨的情景，禹下决心：一定要把洪水治理好。他吃尽了千辛万苦，走遍了千山万水，仔细地察看水流和地形。

读完是不是流畅很多呢？

再比较下面两句话：

他们一看就懂上面两段古文。

上面两段古文他们一看就懂。

显然是第二句比较好，因为它遵循了“旧信息+新信息”的规律。“上面两段古文”已经标明这是旧信息，自然不宜放在句末，而要提到句首。

既然单个句子是“旧信息+新信息”，那么多个句子组合成一段篇章就应该是：“旧信息+新信息，旧信息+新信息，旧信息+新信息……”我们熟知的《两个和尚》的故事就典型地反映了这一规则：

从前有座山(新)，山里(旧)有座庙(新)，庙里(旧)有个两个和尚(新)，一个(旧)是老和尚(新)，一个是(旧)小和尚(新)。

第一句的“山”是首次引入的新信息，第二句中再次出现的“山”就是旧信息。第二句的“庙”也是首次引入的另一个新信息，下文中再次出现的“庙”是就是旧信息，其他句子依次类推，新旧信息不断推进，篇章得以形成。

篇章中指称事物的词语形式有名词性短语、名词、代词和零形式。根据篇章语言学家的研究，不同的形式所附带的信息，新旧程度不同。名词和名词性短语往往表示较新的信息，代词表示旧信息，零形式表示更旧的信息。例如：

山上住着一只老山羊，她有七个可爱的儿女。

这段话中，“老山羊”是名词性短语，表达刚引入的新信息，“她”是代词，指代上文刚刚提及的“老山羊”，显然是旧信息。其后的“七个可爱的儿女”又是新引入的新信息。

再看这段话：

1月26日早上，家住北京东城棉花胡同的岳老太太一出院门，Ø就发现自家院门外的南墙上写着一个大大的“拆”字，“拆”字还被圆圈圈着。她立即顺着胡同转了一圈儿，Ø发现附近墙上还有十多个一模一样的“拆”字。(《法制文萃》2003年2月3日)

这段话中，第二个小句“就发现自家院门外的南墙上写着一个大大的‘拆’字”的主语使用了零形式(一般用Ø表示)，指代上一句中出现的“岳老太太”，显然传达的是旧信息。紧接着，下文的“发现附近墙上还有十多个一模一样的‘拆’字”的主语也是个零形式，指代前面的“她”。而“她”又是指代“月老太太”的，自身也是旧信息。但是跟“她”比，零形式出现在它后面，表示的信息在新旧程度上更旧。通过考察以上两段话，我们也会发现，零形式总是出现在名词和代词后面，不会出现在句首或段首。

语言学家总结出了一个词语形式与信息新旧关系倾向的公式，如下：

旧信息　　零形式>代词>名词>名词性短语　　新信息

词语越靠左边，表示的信息越旧，反之越靠右边，表示的信息越新。

二、不定指、定指与新旧信息

再来讨论下一个问题。设想一个情景，当你向别人讲述你舅舅来你家做客，你会说：

我舅舅来我家了。

而不会说：

我家来了我舅舅。

可是，如果来你家的是一位不熟悉的新客人。你会说：

我家来了一位客人。

而不会说：

一位客人来我家了。

这儿，“我舅舅”“我家”和“一位客人”都是名词性短语，但却不都是新信息。第一个场景中，你舅舅是说话双方都知道的那个人，所以是旧信息。简单地说，就是听话人此前知道你有个舅舅，听到这句话时知道你指的是谁。因此“我舅舅”应该放在句首。第二个场景中，“一位客人”表示的是新信息，因为说话双方只知道是客人，究竟是哪位客人，姓甚名谁并不清楚。因此“一位客人”应该放在句中靠后的地方，比如动词之后。跟“一位客人”相比，“我家”毫无疑问表示的是旧信息，所以要提前。

像“你舅舅”这样指代明确的叫定指词语，像“一位客人”这样指代不明确的叫不定指词语。两者之间的区别，学过英语的朋友比较熟悉。英语中的定指词语由定指冠词 the 来标示，比如“the student”表示上文提到过的，或者说话双方都知道的那一个学生。而不定指词语由有不定冠词 a 来标示，比如“a student”只表示一个学生，其他信息则知道得不太确切。代词本身就含有定指的意义，前面是不能加 the 或 a 的。

从上面的讨论可看出，汉语的句子中，定指词语常用来表达旧信息，位于动词前，不定指词语常用来表达新信息，位于动词后①。

我们再来举几个例子来说明这个规律。看下面这段话，节选自少儿故事《狼和七只小山羊》：

> 可是一开门，他们被吓呆了，他们分明看到一只可恶的大灰狼。小山羊们吓得四处躲藏，桌子底下躲一只，床上躲一只，炉灶里藏着一只，厨房里还躲着一只，木橱柜里藏着一只，洗衣盆下藏着一只，最小的一只藏在壁钟后面。(少儿故事《狼和七只小山羊》)

请大家注意，这段话的最后一句是：

---

① 屈承熹著. 汉语篇章语法[M]. 潘文国，等译. 北京：北京语言大学出版社，2006：149.

最小的一只藏在壁钟后面。

它为什么不像前面六句那样写成下面这句话呢？

壁钟后面藏着最小的一只。

前面六句中的“一只”指代小羊中的某一只，具体是哪一只并不清楚，因而是不定指概念，属于新信息，自然放在动词后比较合适。但是“最小的一只”指代非常明确，是定指概念，属于旧信息，再放在动词后就不合适了，所以必须提到句首。

“最”修饰的词语一般都是表定指，这一点与英语有异曲同工之妙。汉语的“最”是最高程度副词。“最小的一只”对应的英语是“the smallest one”。学过英语的都知道，英语中形容词的最高级前一定要加定冠词 the，这个 the 表示定指语义。而汉语是通过常用于动词前的位置来表示定指的。所以，含有最高程度意义的词语在两种语言里都是定指概念，但是表示定指的语言手段不一样。英语比较明显，用 the 来明示，汉语比较隐晦，用句中位置来暗示。

又如《大河报》上有这样一则新闻，标题是《一觉醒来，窗上惊现 16 个“弹孔”》(见图 3-10)。

A12 \ 社会

一觉醒来，窗上惊现16个“弹孔”

郑州一小区多户人家窗户玻璃现“弹孔”，疑似钢珠惹祸

去年8月以来，“子弹”多次袭人、袭车，郑州警方已成立专案组侦查此事

惊险

卧室窗户玻璃上惊现16个“弹孔”

图 3-10　《大河报》2012 年 8 月 12 日新闻

为什么不用《一觉醒来，16个“弹孔”惊现窗上》呢？“窗上”是日常概念，根据日常知识，睡觉是在一个房间里，房间是有窗户的，所以“窗上”是旧信息，应放在动词前、句首。而“弹孔”之类的东西并不是窗户上平时就有的，句中的“惊”也显示这是出乎意料的新事物，所以是新信息，应该放在动词后。

实际上，“把”字句的使用也跟定指与旧信息有关。看下面：

> 这些照片的背景只有一处，就是美丽的南明湖畔，照片里的人物只有两位，就是林溪和她的父亲，连拍摄时间都是每年的同一天——林溪的生日。第一张照片上，她只有一周岁，还被父亲抱在怀里；拍第二张照片时，她两岁了，骑在父亲的肩膀上；三岁时的那张合影，她已经站在父亲身旁……接下来的那些合影，女儿和父亲身高上的差距越来越小，是的，女儿在渐渐长大，而父亲在慢慢衰老。
>
> 林溪心里有种说不出的惭愧，虽然她每年都会配合父亲，在自己生日那一天，在南明湖畔拍一张这样的合影，但她毕竟太年轻了，并没有在这件事上倾入太多的感情，甚至没有把这些合影完整地看一遍。幸好这次父亲节的活动，唤醒了她心中那份迟钝的爱。

此例中的“合影”中前文中已经叙述过了，是旧信息，是定指词语。这一点决定了它必须提到动词前，这个要求恰恰“把”字句能够满足。前面我们提到，“禹下决心要治理洪水”最好改为“禹下决心：一定要把洪水治理好”。之所以这么改，也是因为“洪水”上文提到过，是旧信息。

三、篇章的话题

一个篇章往往有一个话题或者一些次话题。下面谈谈篇章的话题。什么是话题呢？

日常的话题就是谈话、叙述的中心，说话人围绕这个中心说出各方面的情况。比如在小品《昨天　今天　明天》里崔永元就说：“大叔大妈呀，太紧张了，别紧张。我跟您说这个谈话节目吧，它有话题，咱一谈话题它就不紧张了。今天的话题是‘昨天、今天、明天’。”意思是说，谈话要围绕过去、现在和将来的生活来进行。但不是说，昨天、今天、明天这几个词一定要出现，并且出现在句首。

但是篇章的话题跟上面这种通常理解的话题不大一样。它是一个语篇中的主要谈论对象，是个名词性词语，是已知信息、定指词语，往往出现在段落的第一句子开头，统领多个句子①。例如：

> 早在解放前，小镇上出了个棋王，他就是我三爷。
>
> 我三爷长得瘦小枯干的，体重始终没有超过一百斤。他对别的都没兴趣，就喜欢下棋。
>
> 我三爷说过，他只要一闭上眼，眼前就会出现一盘棋，上面码着三十二颗棋子。没人跟他对弈的时候，他就跟自己下棋。（孙兆贵《三爷的棋》）

这个篇章的叙述中心是“我三爷”，它就是话题。第一段的“小镇上出了个棋王”引出话题，后面的句子都是围绕棋王“我三爷”写的。到了第二段，“我三爷”是旧信息、定指概念，出现在第一个句子开头，后面几个句子中分别以零形式或代词指代“我三爷”，也是在句子开头，这种指代使得几个句子有机地衔接在一起，组成一个小篇章。换个角度说，这几个句子共用“我三爷”这个话题。第三段也是这样。

话题是个定指的旧信息，但是它不会一开始就是旧信息，就是说话双方知道的对象，所以在话题展开之前往往得先引进话题。绝大部分篇章是先以名词形式引进，然后用代词或零形式回指。通常

① 曹逢甫著．汉语的句子与子句结构[M]．王静，译．北京：北京语言大学出版社，2005：46-48.

曹逢甫著．主题在汉语中的功能研究 迈向语段分析的第一步[M]．谢天蔚，译．北京：语文出版社，1995：37-39.

曹著中皆称“话题”为“主题”。

有这么几种：

第一种，以不定指名词在宾语位置上引进。最常见的是用存现句引进，存在句表示某地出现、消失或存在某物，某物出现在句末宾语位置上，常是不定指名词，被当作话题引入。前面举的例子就有这种，如下面几句中的“一只老山羊”“(一)个棋王”“(一)座山”“两个神仙”：

> 山上住着一只老山羊，她有七个可爱的儿女。
> 早在解放前，小镇上出了个棋王，他就是我三爷。
> 从前有座山，山上有座庙……
> 刘家峧有两个神仙，Ø 邻近各村无人不晓：……

又如下面这个篇章，先用存现句“安州城西有片集市”引出话题“集市”，然后又用存现句“这里来了一个奇人”引出下一个新话题“奇人”。“(一)片集市”“一个奇人”都出现中句末宾语位置上，是不定指名词。

> 民国时期，安州城西有片集市，每月逢七，来赶集的人络绎不绝。两个月前，这里来了一个奇人，大家都喊他星先生。星先生青布长衫戴礼帽，鼻梁上架着副圆墨镜，像个不伦不类的账房先生，可他表演的“三变暗手”绝活令人啧啧称奇。

存现句引进的话题一般都是篇章中的重要话题，会在篇章下文中详细描述与谈论。语料显示，“一只老山羊”“(一)个棋王”“两个神仙”“一个奇人”各自所在的文章中就是主要描述和谈论它们的，确实是篇章中的最重要的话题。由于这样的特点，讲故事时，这种话题引入方式常常出现中一个故事的开头。

有的话题由一般主谓句引进，同样是宾语位置上的不定指名词。例如：

> 林溪看到一家大型门户网站上正在举办一场父亲节的活

动，Ø要求以图文结合的方式，讲述自己和父亲之间的感人故事。

有的是就是由双宾句引进，同样是宾语位置上的不定指名词。例如：

八岁那年，爸爸给了我一支毛笔。

第二种，主语位置上引进。少数话题是在主语位置上引进的，常常是“有个人”这样的“有+名词”结构。例如：

这时有个人挤开人群走上前来，挑衅道：“还有更绝的吗?”此人名叫钱墩，是集上出了名的无赖。

“一个人”是不定指名词短语，这样的不定指词语本来是不倾向做主语的，但是前面加个“有”似乎就披上了合法的外衣，能做主语了。但是意义并没有什么改变，仍然是不定指的，我们仍然只知道存在一个人，不知道其他信息，如他是个什么样的人？叫什么？等等。这些信息正好随后通过话题展开一一提供。

有的虽是不定指的形式，但是加了定语，定语提供了新信息。这样就以不定指名词的形式间接引进了话题，例如下例中的定语“叫王虎”就含有话题“王虎”：

这天有个叫王虎的人来到小镇上，公开向我三爷挑战。王虎人高马大的，一脸络腮胡须，看上去像个战神金刚。

第三种，零引进。有的话题根本没有事先引进，作者直接把话题放在段首篇首开始叙述，有关话题的背景信息是模糊的，这样做在叙事上制造了一种悬念感，作者会在后文话题的延续中慢慢揭开悬念。下面的这几例都是每篇小说的开头几段。话题都在篇首，分别是“冯大年”“程峰和杜莉”“梅明光”：

(1)冯大年盘了个店子做餐饮生意，刚试营业了几天，却遭到了周边居民的投诉，说他排烟管道对着住户窗户，被城管勒令停业整改。

怎么改？做工程的师傅说只要做个长烟筒，把油烟往天上送就可以了。说起来简单，做起来并不容易，师傅一预算，至少需要八千块钱。冯大年傻眼了，他的口袋已经空了，店面装修，至亲好友早已借过一圈了，还到哪里去凑这八千块？

(2)程峰和杜莉相识的时候是在学校里，程峰和杜莉莉坐前后座。随着时间的推移，他们的交往和交流越来越多，或许是日久生情，两个人之间有了一种莫名的感觉。杜莉快人快语，做事风风火火，说话像机关枪，有什么说什么。程峰做事稳重，有点儿腼腆。

(3)梅明光最近调到县里当差，忙得不可开交。这天，他爸老梅突然打来电话，说："明光，跟你说件奇事，理发涨价了，而且不涨还不行！"

老梅在乡下老家开了家老式理发店，有些年头了，也是因为理发店，才没有搬去和梅明光同住。前些日子，镇里新出台一个规定：为避免恶性竞争，全镇理发行业必须统一价格，起步价一律8元，不得恶意降价，否则重罚。

比如："梅明光"在小说开头直接出现了，他是个什么人，年龄、性别、工作等信息我们都不知道。作者在后文的叙述中才一点一点地慢慢透露。

话题引进之后，就需要展开、延续或推进。比如下面这个篇章第一句引入话题"狗"后，后面的句子接着就说狗怎样怎样。

新兴村的村民家家都养一条狗。在新兴村，狗和鸡鸭鹅猪等家禽一样放养着，Ø 自由自在。有的狗就喜欢跟在家人的屁股后面。家人走到哪里，它就跟到哪里。

话题延续是依靠后文句子中与话题同指的词语实现的，这些词语叫篇章回指。比如上文话题引进后，句子中指代话题“狗”的有：名词“狗”、零形式和代词“它”。因此话题延续推进的方式，或者说回指话题的形式，一般有三种：名词、代词、零形式①。

第一种，以名词或名词性短语延续。下例中，第一句把话题“陈年老屋”引入后，随后的一句以“那老屋”回指话题展开叙述，“那老屋”是名词性短语：

> 街边的两栋大楼之间，立着一座陈年老屋，那老屋被围墙围了起来，一看就知道是钉子户。

其他的例子如：

> 卓伟是个打工仔，他最大的骄傲是有个大学生女友。女友出身贫寒，她这些年上大学的费用，全都靠卓伟辛苦打工赚的血汗钱。
>
> 民国初年，障日山上盘踞着一股土匪，匪首叫郭麻子。郭麻子有一手神枪绝技，百发百中。
>
> 从前有座山，山上有座庙，……

第二种，以代词形式延续，当然这些代词都是代替名词的代词。例如：

> 山上住着一只老山羊，她有七个可爱的儿女。
>
> 早在解放前，小镇上出了个棋王，他就是我三爷。

第一句的代词“她”回指话题“老山羊”，第二句的代词“他”回指话题“棋王”。

---

① 徐赳赳．现代汉语篇章回指研究[M]．北京：中国社会科学出版社，2003：271-274.

第三种，以零形式延续。例如：

> 刘家峧有两个神仙，Ø 邻近各村无人不晓：……
>
> 他决定大醉一场，于是 Ø 去了“游民部落”酒吧，Ø 叫了一大堆啤酒，Ø 独自享受。
>
> 那棵树，花小，Ø 叶子大，Ø 很难看，所以 Ø 我没买。

第一句的零形式 Ø 指代“两个神仙”，是话题“两个神仙”的推进、展开，第二句的三个零形式 Ø 指代“他”，是话题“他”的连续追踪。

从前文的众多例子可以看出，零形式的话题延续性最强，一般都紧跟在名词话题、代词话题后面的延续句里，此时读者极易识别话题，处在一个小话题链之中。名词一般导入新的话题，用在话题链的开始，出现在段首。代词用在开启下一个话题链时，此时距离先前导入的话题距离较远，读者心中可能不大容易识别话题，需要用代词重新提起。

话题的引进和话题的延续、推进会使多个句子组成一小片段。话题既然可以出现几个连续的句子中，那么这几个句子中的话题连起来，就像一个链条，这叫话题链。① 大大小小的话题链组合在一起，就形成篇章。比如：

> 林溪是个白领，$Ø_1$ 业余爱好很多。这天，林溪看到一家大型门户网站上正在举办一场父亲节的活动，要求以图文结合的方式，讲述自己和父亲之间的感人故事。
>
> 林溪心中一动，$Ø_2$ 似乎想到了什么，她风风火火赶到家，正好父母都不在，她翻箱倒柜，$Ø_3$ 找出一本相册，$Ø_4$ 一页页地翻动着。她的动作越来越缓慢，$Ø_5$ 表情越来越凝重，$Ø_6$ 眼睛里渐渐蒙上了一层雾气，连那些照片都由清晰变得模糊起

---

① 屈承熹著. 汉语篇章语法[M]. 潘文国，等译. 北京：北京语言大学出版社，2006：247-268.

徐赳赳. 现代汉语篇章语言学[M]. 北京：商务印书馆，2010：315-325.

来。(杜辉《照片去哪儿了》)

这段话中的话题是林溪，各个句子的话题连起来就形成了如下的话题链：

林溪……$Ø_1$……。林溪……。林溪……$Ø_2$……她……她……$Ø_3$……$Ø_4$……。她……$Ø_5$……$Ø_6$……。

所以，话题链是篇章中的一个片段，通常由一个或多个小句构成，用一个领头的共同话题，把所有小句联系起来。

当前个话题叙述完毕，需要开始另一个话题时，就涉及话题的转换。通常中两个话题之间会有一个转换话题句子，这个句子的句首是作为旧信息的老话题，句末是引进的新话题。例如下例中的"她怀里抱着一个小男孩"就是转换话题的句子，"她"是老话题，引入的新话题是"小男孩"。

> 在我们对面的椅子上，坐着一位农村妇女，年近四十，也可能只有二十多岁，因为她的脸黑黑的，皮肤也粗糙，很难估计年龄。女人不但脸黑，长得也不好看，尤其是嘴巴，牙齿太突，嘴唇太短，即使闭着嘴，也总有两颗牙齿露在外面。她怀里抱着一个小男孩，白白胖胖的。这么黑的母亲，竟能生下这么白的孩子，真是奇迹。孩子最多只有一岁，还没学会说话，但会哭会笑。

下例的转换句是"买买提引得张大帅也屈尊前来品尝"，"买买提"是上文的旧话题，引入了"张大帅"这个新话题。

> 民国时，有个叫买买提的，Ø在老家不小心惹了官司，Ø只身逃到了彭城。后来，他在泰和酒楼做了厨师，Ø专做羊肉。买买提凭借着祖传秘方，Ø做的炖全羊汤鲜肉香，一时间名声大噪，引得张大帅也屈尊前来品尝。(话题链"买买提")
>
> 这位张大帅是不轻易去外面的酒楼、饭馆吃饭的，因为他有洁癖，Ø生怕外面做的饭菜不干净。可张大帅极爱吃羊肉，

Ø 听说泰和酒楼来了个擅长做羊肉的厨子，名气还不小，张大帅耐不住要来品尝一下。张大帅在雅间里坐好，Ø 指名要买买提做的羊肉。不大工夫，一锅热气腾腾的炖全羊便端了上来。张大帅开口一尝，Ø 便觉得这辈子是离不开这个买买提了。他从没吃过这么好吃的羊肉，一入口，那鲜香便直达五脏六腑，且回味无穷。(话题链“张大帅”)

有的时候在推进某个话题时，会插入一个相关的略微次要的叙述对象或谈话对象，这就是篇章次话题，例如下段话的话题本来是“张先生”，但中间插入“他太太”作为次话题，见画线部分：

张先生，事业做得很成功，太太又贤惠又漂亮，还烧得一手好菜，是本地人人羡慕的对象。

次话题也能形成一个话题链。“太太又贤惠又漂亮，还烧得一手好菜”实际上就是一个次话题链。话题链与次话题链以多种形式交织、融合就构成了篇章。因此，篇章就是由大大小小的主次话题链构成的。

四、篇章语法理论的应用

熟悉了篇章语法，在语文教学和对外汉语教学中可以有效地指导作文教学和作文评改。

下面是一位留学生的作文，里面有很多篇章语法方面的错误。

我已经很独立，也不依靠我父母。我的学费都是我亲自赚的。我做的事情都是单枪匹马的。因此，我觉得我较好地准备在外国工作。因为我当了四年兵，我觉得我也能负责很多事情。军队也教我守时和勤快。

里面的代词“我”用得太多，很多该用零形式的地方依然用代词“我”，因此显得极其啰唆。另一个毛病是前后句的逻辑关系混乱。修改如下：

我已经很独立，Ø不再依靠Ø父母了。我的学费是Ø自己赚的，Ø做事情也是单枪匹马，Ø已经为在外国工作作了较好的准备。此外，因为Ø当了四年兵，军队教我守时和勤快，我也能负责很多事情。

下例是小学生作文中的篇章错误。

我先左脚上前一步，右脚上前一步，左脚上前一步，右脚上前一步。呀，我会溜冰啦！我以为，我会溜了，正当我得意洋洋时，突然扑通一声，我摔了一跤，我赶紧起来，揉揉我的疼痛的屁股，我说："下次要当心哪！可不能这么骄傲了！"

这里也是代词"我"用得太多，不但显得啰唆，还影响文章的流畅与连贯。这是小学生初写作文的通病。

改正后的为：

我先左脚上前一步，右脚上前一步，再左脚上前一步，右脚上前一步。呀，Ø会溜啦！正当我得意洋洋时，Ø突然扑通一声，Ø摔了一跤。我赶紧起来，揉揉疼痛的屁股，Ø心里想："下次要当心哪！可不能这么骄傲了！"

从这个例子可看出，语文教师应该懂点篇章语法，教学生如何按照篇章语法的规则正确地使用名词、代词和零形式，从而使学生的作文简洁、流畅。

每年高考语文试题都有考察篇章衔接和连贯的题目。正确、快速解答这些题目也需要懂点篇章语法。例如下面一题：

填到下面横线处的句子，与上下句衔接得最恰当的一组是

公安干警及时赶到现场侦查，中午12时____

A. 在家里犯罪嫌疑人被抓获，全部赃物和赃款也同时起获。

B. 在犯罪嫌疑人家里将其抓获，并起获了全部赃款和赃物。

C. 犯罪嫌疑人在家里被抓获，并起获了全部赃物和赃款。

D. 在犯罪嫌疑人家里将其抓获，全部赃款和赃物也同时起获。

这个题，如果了解了话题链的知识，很容易判断该选 B。从上下文可看出，这段话的话题是“公安干警”，那么后面的句子应该继续延续、推进话题，话题同时做主语。这一点决定了应该使用“将”字句和后面的动宾句。因为如果使用“被”字句，就会插入一个新话题“犯罪嫌疑人”，句子念起来感觉不连贯。如果使用“全部赃款和赃物也同时起获”字句，也会插入新话题“全部赃款和赃物”。选 B 后，“公安干警”跟后面两个句子中的零形式就形成了一个话题链：“公安干警……$\varnothing_1$……$\varnothing_2$……”整段话衔接流畅、语义连贯，如下。

公安干警及时赶到现场侦查，中午 12 时在犯罪嫌疑人家里 Ø 将其抓获，Ø 并起获了全部赃款和赃物。

又如下面这一题：

依次填入下面一段文字横线处的语句，衔接最恰当的一组是(　　)

在我国古代，人们盛物用的器皿除陶器等之外，还有一种容器，是葫芦。__________，__________。__________。__________，__________。__________。

①最早的记载见于《诗经》，如《公刘》篇中“酌之用匏”的“匏”就是指葫芦

②用葫芦做容器是先民们认识自然、利用自然的结果

③葫芦是一种葫芦科爬藤植物的果实

④葫芦成熟后，掏空里面的籽瓤，即可当容器使用

⑤它大多呈哑铃状，上面小下面大

⑥我国劳动人民使用葫芦盛物的历史非常悠久

A. ⑥②③⑤④①　B. ⑥①④②③⑤

C. ⑤③④①⑥②　D. ③⑤④⑥①②

（2012 · 新课标全国卷）

这个段落的第一句就引进了本段的话题作为容器的“葫芦”，那接下来应该是展开、推进话题，叙述“葫芦”以及它怎么样成为容器。这样，在③⑤⑥中，③的句首是“葫芦”，话题衔接性最高；⑥属于新开话题，不太恰当；⑤跟③相比，叙述的性质不如③稳定，综合考虑应该选③。再细细思考，③⑤④和后面的⑥①②在语义上都比较连贯，所以可以确定选 D。

实际上，这个篇章还有小瑕疵。句③开头的“葫芦”用代词“它”更好，因为上文的末尾已经用名词形式“葫芦”引进了话题，无需还用名词形式。句③开头要是用代词“它”，那句⑤开头最好用零形式代指“葫芦”，因为零形式一般紧跟代词或名词后面。这样改后更简练。改正后的篇章如下：

在我国古代，人们盛物用的器皿除陶器等之外，还有一种容器，是葫芦。它是一种葫芦科爬藤植物的果实，Ø 大多呈哑铃状，上面小下面大。葫芦成熟后，掏空里面的籽瓤，即可当容器使用。我国劳动人民使用葫芦盛物的历史非常悠久，最早的记载见于《诗经》，如《公刘》篇中“酌之用匏”的“匏”就是指葫芦。用葫芦做容器是先民们认识自然、利用自然的结果。

第五节　外国朋友学汉语的难处

一、汉语的难度

欧美老外眼中的中文，一个字——难！难到什么程度？请看他们的吐槽：

“Mandarin! It's a notoriously difficult language! ”(普通话！一门众所周知的难学的语言!)

“I'm trying to learn mandarin but always stop halfway, it's goddamn difficult. ”(我一直在尝试学习普通话，但总是半途而废！真他妈的难!)

“Mandarin is tremendously difficult for native Germanic language speakers. ”(对母语是德语的学习者来说，普通话非常非常难!)

“Someone told me Portuguese is a difficult language to learn. I told him try a language like Mandarin Chinese or Cantonese. Mandarin is quite difficult. I tried. ”(有人告诉我德语难学，我跟他说试试普通话或广东话吧。普通话很难，我试过的!)

“I've been learning Mandarin very slowly for about twenty years. It's so difficult and complex. More like a symphony. ”(我一直在慢慢学习普通话，已经有二十年了，又难又复杂！更像交响乐。)

“Chinese is horrific in that it has a paltry work-to-results ratio. ”(汉语很可怕，因为你的付出与收获不成比例。)

“I hear Mandarin is one of the more difficult languages, so that would be pretty superpower-ish if you learn it. ”(听说普通话是最难的语言之一，想学会得有超能量。)

“I got few sounds correct today! Mandarin is a difficult language and it requires exotic takers like me hehhehehe. ”(我今天发对了几个音，学普通话很难，像我这样的变态人才能学，哈哈!)

以上只是每个学习者个人的直觉，再看看专业机构的说法。

美国国务院外事培训学院(The Foreign Service Institute)为母语是英语的外语学习者，根据达到口语 3 级和阅读 3 级水平的学习时间排列出了外语难学等级。汉语属于最难的一类。具体如下：

第 1 类最容易，可以在 23~24 周(575~600 课时)中学会，如西班牙语、瑞典语、意大利语、丹麦语和法语等。

第 2 类需要 30 周(750 课时)，如德语。

第 3 类需要 36 周(900 课时)，如印尼语、马来西亚语等。

第 4 类需要 44 周（1100 课时），如俄语、希伯来语、芬兰语、格鲁吉亚语、波兰、泰国语和冰岛语等。

第 5 类是最难的一组，需要 88 周（2200 课时），如阿拉伯语、日语、韩语和普通话等。

从以上可以看出，对母语为英语的外国朋友来说，学会汉语的时间能够用来学会两三门欧洲语言。

还有外国朋友把西班牙语、意大利语、法语、葡萄牙语、德语、印地语和汉语的难度，按照“非常容易<有点容易<容易<适中<难<有点难<非常难”的等级排了个顺序，结果汉语荣膺“非常难”，见表 3-2。

表 3-2　**七种语言难度比较**

	西班牙语	意大利语	法语	葡萄牙语	德语	印地语	汉语
难度	非常容易	容易	适中	适中	有点难	有点难	非常难

有趣的是，在许多西方当代语言里，用“像中文”来形容事物繁难、复杂。要拒绝一个人，可以说“等你先学好中文再来见我吧”。而听不懂一个人所说的话，可以说“你在说什么呢？听着像中文似的”。法语里表示不懂的“c'est du chinois（这是中文吧）”已经成为固定用语。

都说难，难在哪儿呢？且听他们说：

“The tone differences were so slight.”

“I think that the most **difficult** languages to learn is **mandarin** and Portuguese. **mandarin** because of the caracters.”

“Mandarin is really difficult because of the tones. Definitely use a site with pronunciation that you can hear.”（因为声调普通话真的很难。绝对要使用一个你可以听到发音的网站。）

“说实话，学中文就像同时学三门语言。学好一个生词需要学它的拼音、声调和汉字，一种都不能少。”

前面说过，汉语在七种语言中处于“非常难”等级，这其实是在口语、语法、书写三个项目比较的基础上得出的，具体如表3-3。

表 3-3 七种语言难度项目比较

	西班牙语	意大利语	法语	葡萄牙语	德语	印地语	汉语
口语	非常容易	容易	适中	适中	难	适中	难
语法	非常容易	有点容易	适中	适中	适中	有点难	难
书写	容易	容易	有点容易	适中	适中	难	非常难
总体	非常容易	容易	适中	适中	有点难	有点难	非常难

从这些情况来看，大多数人认为汉语的声调、书写是最难的，其次是拼音、语法。

欧美人为什么觉得汉语这么难呢？原因是汉语与英语不属于同一语系，差别太大，文化背景也大相径庭。有外国朋友说："如果您母语是英语，我敢打赌，您会发现法语、拉丁语等语言更容易学会。就像你已经有了一座房子，现在你只需要在它之上建立一个房间，你不用担心资金、管道、电线等。而学习中文就像要你从头建房子，这是完全不同的。"还有人认为方言众多也是汉语难的原因之一。

二、汉语的声调难

汉语是全球主流语言中唯一有声调的语言。普通话有四种声调，通俗的叫法是：第一声、第二声、第三声和第四声。第一声是高平调、第二声是升调、第三声是曲折调，第四声是降调，用五度标记法表示分别是：55、35、214、51(见图 3-11)。

这四种声调对于母语是英语的人来说可能是一个谜，无论是对调的概念认识还是在调的实际发音上都是如此。外国朋友曾经讲过一个故事：有位美国人在美国学了八年汉语，自认为汉语水平很不错，结果来到中国一开口，发现没人听得懂他说的汉语，原来他的声调没有一个念得对。根本原因是英语和汉语在调的使用上不同，

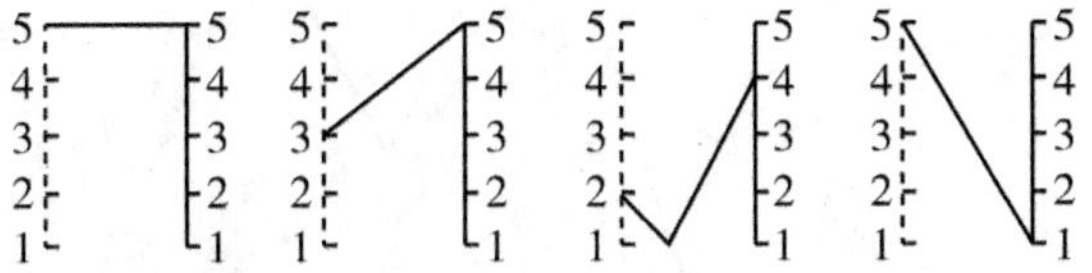

图 3-11　汉语声调五度标调法

学习者对调的认识和感觉也不同。英语只是在整个句子上使用语调，比如用一个升调表示疑问，而汉语的声调是与每个音节的意义相联系的，每个音节的意义都是由其发音和声调共同决定的。欧美人只是把语调看做语言的次要方面，汉语中语调却极其重要，是确定一个音节及其意义的必要成分。一个音节，即使读音念准了，调子一变意义也完全不同。一个汉字，即使读音念准了，调子不对也算读错。由于母语中没有声调，所以欧美人的耳朵对声调的升降变化一点也不敏感。对他们来说，声调与声调之间的差别很细微，根本听不出来，自然也念不准。所以学习汉语，意味着要重新培养他们的耳朵对音节音高变化的敏感度。以下是他们的学习汉语小贴士之一：

"绝对重要：练习使用四种普通话声调。如果你不能念对声调，你永远不会说对任何句子，没有人会知道你在说什么。此外，你可能会无意中冒犯很多人，或者要闹很多笑话。比较：

我要水饺 wǒ yào shuǐjiǎo（I want/would like some dumplings）

我要睡觉 wǒ yào shuìjiào（I want/would like to go to sleep）

为了教他们声调，有人还发明了麦当劳教学法，如图 3-12 所示。

声调中最难念的第三声。其他声调都是直线调，只有第三声是个曲折调，先降后升，发音的时间也比其他三声调要长。要命的是，它还有很多变调，比如两个第三声连着出现的时候，前一个得读成第二声，"美好"得读作"没好"。因此，老外经常把第三声念成其他调。有个教翻译的日本老师说"还没吃 wan 饭"，结果他的中国学生听了，问："是吃晚饭？还是吃完饭？"老师当场愣住了。

图 3-12 汉语声调麦当劳教学法

笔者的一个美国学生，“恐怕”总是念成“kóng pà”。有的学生把“同窗”说成“同床”，想想都觉得滑稽！另一个日本女孩总是抱怨中文里的第二声和第三声有时很像。她叫南海子(ナミコ)，每次用中文介绍自己时都会被对方问：“你是男孩子？完全看不出来嘛！”

三、汉字书写难

语言书写方面，汉字是老外学汉语最难的地方。在他们看来，汉字是一种与其他语言完全不同的书写系统，难写、难读、数量多。学习汉语时很大一部分精力花在了学习如何写汉字上。

英语和法语都是罗曼语言，罗曼语言的书写系统都是以字母为基础，而汉语的书写系统以象形字为基础，与大多数西方语言几乎没有相似之处。所以与普通话相比，学习另一种罗曼语言会比较容易，学习全新的象形字是巨大的难题。这可能是学习汉语的最困难的方面。

先看看他们的抱怨：

> 拿决定学中文的美国本科生来说。想掌握中文书写系统——汉字，他需要怎么做？汉语没有任何对应于字母表的东西，尽管有可重复利用的构成汉字的组件。有多少这样的组件？不要问。与所有关于中文的问题一样，答案是非常凌乱和令人不满意的。这取决于你如何定义“组件”(笔画？偏旁?)，

还有很多其他繁琐的细节。只能说，这个数字相当大，远远超过罗马字母表的 26 个字母。

这个吐槽还真说对了！汉字的组件包括笔画和偏旁。笔画是最基本的，笔画与笔画又进一步构成偏旁，笔画和偏旁最后构成汉字。光笔画就有 37 种，偏旁有 600 多种，吓死人！

笔画包括基本笔形和派生笔形（见表 3-3）。基本笔形有 8 种，分别是：横（一）、竖（丨）、撇（丿）、捺（㇏）、点（丶）、提（㇀）、折（㇕）、钩（亅）。派生笔形是由基本笔形衍生出来的，共 29 种，如竖折（𠃊）、横钩（乛）、横折钩（𠃌）、弯钩（㇁）、斜钩（㇂）、横折弯钩（⺄）、竖折弯钩（㇉）、横折提（㇊）、横折折折钩（㇌）、撇点（𡿨）、撇折（𠃋）、竖弯钩（乚）、横撇（㇇）、横折弯（㇍）等。可以看出，有些派生笔形的书写也不容易。

表 3-3　**汉语笔画名称表**

笔画	名称	例字	笔画	名称	例字
一	横	十	㇋	横折折撇	避
丨	竖	千	㇌	横折折折钩	奶
丿	撇	人	亅	竖钩	水
丶	点	主	㇙	竖提	农
㇏	捺	人	𠃊	竖折	山
㇀	提	地	㇄	竖弯	西
乛	横钩	写	乚	竖弯钩	毛
㇇	横撇	水	㇉	竖折折钩	马
㇕	横折	页	𡿨	撇点	安
𠃌	横折钩	月	𠃋	撇折	去
㇊	横折提	话	㇁	弯钩	家
⺄	横折弯钩	九	㇂	斜钩	民

这些还不算什么。英语的字母不过是从左到右按照线条性一一

展开和组合。可是汉字笔画的组合却不是这么简单，除了跟英语一样的线性组合（如“八、小、川”）外，一个笔画还可以在另一个笔画的上面、下面，或者被另一个笔画半包围，如：

二 三 六 刁

这还只是两个笔画不相接（又叫相离）的情况。笔画跟笔画还可以相互挨着、接触，这叫相接，如：

匕 上 工 丁 刀 乃 厂 了 几 弓

笔画跟笔画还可以相互交叉，这叫相交，如：

十 丈 丰 力 七 九 卅 车

所以笔画的组合比字母的组合复杂多了。这还不算，笔画与笔画还组成了大量的构字偏旁，总数600多个。如：

勹 丷 冂 ⺈ 冫 冖 讠 卩 阝 扌 卄 寸 廾 丌 大 兀 尢 弋 ⺌ 囗 巾 山

彳 彡 犭 夕 夂 饣 丬 广 忄 门 氵 宀 辶 韦 耂 支 犬 歹 旡 止 ⺗ 贝 牜 ⺧

龵 龸 氺 罒 钅 禾 鸟 疒 穴 衤 疋 癶 耒 覀 虍 夆 豕 ⺮ 臼 舟 𦍌

糸 镸 走 酉 辰 𧾷 夆 豸 豖 𠦝 臽 飠 鱼 罙 音 業 贲 畐 昷 臿 爰 音

叚 敖 尃 鬲 桼 啬 堇 啇

笔画和偏旁又如何组合成汉字呢？这些外国朋友吐槽的原话是：“各种奇葩都有！有的组件放在其他组件的左侧，有的放在其他组件的右侧，有的放在其他组件的顶部，有的放在其他组件的周围，有的组件放在其他组件的内部（指汉字的上中下结构、左中右结构，全包围、半包围结构等）——几乎任何组合都是可能的。在进行这些空间组合的过程中，这些组件被拉平、伸长、压扁、缩短和扭曲，为的是保证所有汉字都是一致大小的正方形。”换句话说，汉字的组件是二维排列的，既可以左右延伸，也可以上下延伸，因此汉字叫方块字，而欧美语言中词语书写是一维的，字母按照线性顺序整齐地排成一行。两者完全不同。

组件多、组件组合规则复杂并不算什么，汉字的数量更令人望而生畏。曾经有位国人讲述了在欧洲的一件事。

两周前，我在健身房和一个魁梧大汉用蹩脚的英语交流。

他问：

“我身边也有学中文的人，他们说中文很难……中文有多少个字？”

“这个我不太清楚。大概……6000 吧？”

“WOW，你们好厉害，这么多你们都会吗？”

“大部分吧，有一些是不常用的。其实中文的字就有点像单词了，每个字都有每个字的意思，有些有很多意思，和另外一个字组在一起可能就不一样了。每个字可能还有不同的读音。有些中国人都搞不清楚。”

“算了吧，我还是不要学汉语了。实在太难了。”

过了一会儿我上网查了一下。对他说了一句：“哦，中文有 90000 个字。”他一脸惊悚地看着我。哈哈！笑死我了。

汉语有几万个汉字，看起来很吓人！——当然，把汉字比作字母不是很恰当的，字母大概相当于笔画。幸运的是，在标准汉语中只需要学会 3500～5000 个字就行了。这看起来似乎还不错，因为汉语的单词通常是不同汉字的组合。但是实际上只要掌握 1000 个最常见的字，仍然能读懂近 90%的出版物，这使得它不那么可怕。

学会手写这些汉字是一项艰巨的任务。拿汉字单字来说，首先是笔画多，在 Office Word 的汉字基本字符集 6373 个汉字中，6～14 画的字占 78.8%，7～13 画的字占 67.6%，9～11 画的字占 30%左右。其次，书写还得按照笔顺。有些外国朋友说写汉字像画画。画画，随便怎么画只要好看就行。写字不是光好看就行啊，还得遵守笔顺的规则，要先中间后两边，先外后里再封口等。因此要真正掌握中文写作，学习者不得不花费大量的时间书写，必须练习，否则会忘记！一旦开始学习汉字，你必须写！写！写！

写汉字不简单，那认汉字简单吗？也不简单。汉字是表意文字，字形没有提供任何读音线索，难以与语音形象联系起来。朗读汉字，你首先得把语音形象跟拼音联系起来，然后再把拼音跟一个个汉字联系，这个过程等于学了两种语言书写系统。虽然有人说汉字也有表音成分，比如声旁，但是在学会 1000 个汉字前，这一点没什么用。一位英国朋友悲哀地感叹：“中文真是独一无二！因为你可能会听懂一个词，但不一定能读懂，反之亦然。”汉字还有多音字现象，不同的音意义也不同。比如，她学了“吃了饭”的“了(le)”，表示动作结束。结果某一天遇见了“吃不了”，以为意思是“没吃”，结果老师说这个不念“le”念“liǎo”，意思也不是“没吃”。此外，有些汉字长得还特别像，有位老师姓“帅”，学生总是把“师”是写成了“帅”，结果“帅老师”成了“帅老帅”。因此，光一个汉字需要学习的知识和技能就比字母要难上几倍。

汉语让人头痛的地方还有一个——词和词在书写时不分开。其结果是，当你阅读一个句子想理解意义时，里面究竟有几个词都难搞清。有一天我的美国学生，拿着手机让我看她微信上的一句话，问是什么意思。这句话是“家长希望你一直上下去”。她在中国期间一直在兼职教少儿英语，知道这个背景你肯定知道是什么意思了。可她说：“‘上下｜去’是什么意思？”她以为“上下”是一个词，不知道这儿的“上”是“上课”的“上”。“下去”更难为她了。她倒是学过“下去”，知道“下去”表示向下运动，前面一般有个表示移动的动词。可是这儿不是这样啊。既不懂“上”又不懂“下去”，词和词之间也没个间隔，所以连是几个词都没法分辨出，能理解意思才怪呢！

因此，在教欧美、非洲的老外学汉语时，汉字往往不先教，或者直接不教。只有处于汉字文化圈的日本、韩国、越南等国家的学生学习汉字才不那么困难。有位经验丰富的老师说：“对非日本学生来说，如果学习者处于青壮年，那尚可一战。中老年学生我一般会去劝他们放平心态，不可速成。有一个学生在半年期间疯狂练习汉字书写，但还是常常提笔忘字，我只能默默安慰他说中国人也会忘记常用字写法。”

当然，虽然汉语很难学，但汉字的表意性和字形背后的古代文化常令老外们啧啧称奇、着迷不已。

四、汉语拼音难

再看看汉语拼音的学习。

汉语拼音采用的是拉丁字母，极大方便了老外学习。有老外说："如果没有拼音的话，我无法想象学汉语的难度有多高。"然而学习汉语拼音也并不是一点难度也没有。一开始见到拼音他们通常很喜欢，因为跟西方的文字差不多，就会凭直觉按照西方表音文字的习惯，按字面的字母一一来拼读，结果发现很多拼写和实际读音并不一致。这些不一致的地方我们中国人基本上是习焉不察。

第一，同一个o，他们感觉读音并不真的相同。bō("播")，他们总感觉并不是声母b直接与韵母ō拼读，声韵之间好像有一个u。而ōuzhōu("欧洲")的o，很像是e。"中"zhong的o，又十分接近u。照他们的意思，bō("播")是b跟uō相拼。教材上都说现代汉语中两者是不能相拼的，但是真一试，还是能拼的，并且嘴唇确实要撮起来，说明中间确实有个u。至于ōuzhōu("欧洲")的o像e，他们的这个感觉也有道理，实际上我们中国人就是这样发音的。真要是先发o再发u，开始发音时嘴巴感觉没张开似的，因为o是圆唇元音。而e和o的区别就在于e是不圆唇的，是半张开嘴的。"中"zhong的o，有u的成分，因为拼成zhueng，读音没什么不同。

第二，同一个e，读音也不相同。学会字母(如"鹅")的读音，用来拼"街"jiē、"学"xué、"北"běi却完全错了。"鹅"中的e发音靠后，是舌面后半高不圆唇元音；"北"běi中的e发音靠前，是舌面前半高不圆唇元音；而"街"jiē的e是ê，发音靠前，舌头也比e低一点，是舌面前半低不圆唇元音，三者的读音当然不一样。但是拼音中都用一个字母e来表示，照字母来拼读确实会带来问题。

第三，根据字母直接拼读iu、ui、un，读出来的字音总是太紧太窄，在上声和去声中尤其如此，如"酒"jiǔ、"贵"guì、"滚"gǔn。这一点就要怪老外自己没学好汉语拼音的规则了，因为汉语拼音方案明确规定，iou、uei、uen三个韵母要省写成iu、ui、un，就是说不能照字母直接拼读，而分别是i+ou、u+ei、u+en。

第四，en、an与eng、ang易辨别，但是in和ing的区别则并不十分明显，而且根据听感i和韵尾n、ng好像不是直接紧密结合的，中间并不是一无所有的。实际读音确实如老外感觉的那样，in本来是i和en拼成的ien，ing本来是i和eng拼成的ieng，拼音方案制定者出于书写简便的目的都把它们省写了，但却没有做任何说明，导致不了解拼音方案制定过程的人搞不清这是怎么回事。对我们中国人来说倒是方便，可是难为了老外。

第五，对汉语拼音方案用拉丁字母 i 兼表舌面前、舌尖前和舌尖后三个不同的元音，外国学生很不习惯，导致他们都念成一个音，常常把 zi、zhi 念成 z+i 或 zh+i。此外，j、q、x 后的 ü 省略两点，也常常导致他们读成 u。

第六，对方案用拉丁字母中浊辅音字母 b、d、g 表示汉语中不送气清塞音，也很不以为然，认为这违反了拉丁字母使用的国际通例。国际通例是用 b、d、g 表示浊辅音，但由于汉语的清辅音多，浊辅音少，《方案》用这几个字母表示汉语中不送气清辅音，用印欧语中表示不送气清辅音的 p、t、k 来表示汉语的送气音 p“坡”、t“特”、k“科”。

究其原因，汉语拼音方案最初是为了中国人认识汉字设计的，并不是为外国人学习汉语设计的。所以有些地方为了追求国人学习的方便，舍弃了表音的精确性。通过外国人的视角，我们发现：国人读的音和书写的拼音实际上并不完全一致，仅仅是大体一致。国人学习的时候是整个音节或韵母教学的，并不考虑字母与字母的拼读是否准确。比如，iu，我们从来不会从 i 滑向 u，而是直接读 iou。省写的结果是方便了中国人，苦了老外。

当然，汉语的语音也有容易的地方。汉语的音节数量有限，大约只有 1200 个音节（还包括声调）。听起来好像很多吗？它远远少于英语的 8000 个多音节。如果你可以处理 8000 个英语音节，肯定不害怕另一种语言的 1200 个音节。

五、汉语的语法难

在外国朋友眼中汉语的语法不太难，是汉语最好学的部分，甚至有人以为汉语没有语法。因为在欧美人看来，语法很大一部分是关于的词的各种词形变化的规则，比如时、体、格、性、数等方面的词形变化等，语法书中这些内容的篇幅占比很大。德语、西班牙语和俄语等欧洲语言词形变化特别多。德语的名词有四个格，俄语有六个格，芬兰语则多达十六个格。俄语、德语中的名词都有较为整齐的阴性、阳性、中性的对立。而汉语不存在这些在欧洲语言中被认为是语法的东西。

他们这样说："中文语法对于英语人士来说非常简单。大多数句子结构与英语相似，没有动词词形变化，没有拉丁语、德语或俄语的格变化。更简单地说，没有不规则的动词，没有不规则动词表，没有名词复数，词没有性的区别，不用担心动词与主语等的一致问题。对于学习拉丁语、法语、德语或西班牙语的所有学生，我想你知道我在说什么！"从这段话可看出，汉语语法简单的原因有两个。

第一，汉语的主语谓语宾语的语序与英语一样，也是"主谓宾"，而不是日语的"主宾谓"语序。有一个外国朋友举例来说明："就简单句来说，汉语通常很容易，因为句子结构跟英语一样，例如：我要喝汽水——I want to drink soda；我要看电视——I want to watch TV。这些句子的语序一样。"

第二，与严格的西班牙语语法、德语语法相比，汉语几乎没有形态变化。以下是欧美人对汉语的感受实录：

"每个单词都只有唯一的词形：动词没有显示时态、人称、性或主语单复数的后缀或前缀。"

"汉语语法好的部分是没有动词词形变化，没有时态。例如，一旦你学习了'看'，你就不需要学习任何其他的'看'的版本，即使你指的是昨天看或明天看，这点不同于英语，英语中你必须根据具体句子来改变词尾：he sees，I see，I saw，I have seen 等。"

"汉语语法对我来说更简单(中文中没有动词词形变化，更别说'敬语'等)。"

"汉语语法简单死了，比如动词不必有人称和时的词形变化。"

"名词没有显示其单复数、阴性阳性或格变化的后缀或前缀。'香蕉'可以是'一个香蕉(one banana)'或'数百万香蕉(millions of bananas)'。"

当然，他们认为汉语语法也有很多难学的地方。最难的部分是欧美语言中没有的一些语法特征、语法结构、句式、词类。

名词前居然要有个量词，有人认为这是语法最难学的地方。One pig 不是“一猪”，而是“一头猪”。类似的还有“一头驴”“一头牛”“一头羊”。很简单是不是？不要高兴太早了。horse(马)长得跟 donkey(驴)差不多，应该可以说“一头马”吧，可是不能，得说“一匹马”。“一头狗”也不能说，得说“一条狗”。猫跟狗差不多，都是宠物，叫“一条猫”怎么样？不行，应该是“一只猫”，因为猫比较小。那老虎比猫大吧，不能用“只”吧，可是中文里有首歌叫《两只老虎》。看来不同的名词还要用不同的量词。让人郁闷的是，量词不仅数量大，而且有些量词就没什么规律，得一个一个地记。如脸部器官，“眼睛”是“一只眼睛”，“眉毛”是“一道眉毛”，“嘴”得说“一张嘴”，“鼻子”是“一个鼻子”。光量词就能把人学疯。

汉语里还有一类英语没有的词——语气词，就是句子末尾的“啊”“吧”“吗”“呢”“嘛”“了”“的”。比如下面是老外们造出来的句子：

> 我们什么时候上课吗？
> 你为什么不吃肉吗？

看来，什么时候用“吗”，什么时候“呢”根本没搞清啊！还有“好了”“好的”“好啊”“好吧”，也弄不清区别。

另一个众所周知的难点是补语。汉语的动词大多数仅仅表示动作，不表示动作的结果。“看”仅仅表示用眼观察，不包含看到或没看到这种结果意义。结果意义得在“看”后加个“到”或“见”来表达，说成“看见、看到、没看见、没看到”等。这个“看”后的“到”“见”就是补语。这跟英语不一样，“看见”在英语里是一个词 see，类似还有“听到”是 hear，“杀死”是 kill 等。总之，汉语动词后面经常有一个表示结果的补语。补语还可以表示动作的方向、程度、能否执行动作等。下面是留学生写出的句子：

> 你们下午先回在这儿。
> 一想好他的样子，我就想笑。

我们说完了明天早上六点出发。

那件事情我都忘到了。

他们倒是知道动词后得有补语，可是这个补语是什么意义、用什么词，懵了！

无独有偶，“把”字句也很难。这种句式汉语独有，留学生的母语中没有相似的结构。“Pick up that thing”汉语不说“拿起来那个东西”，得说“把 that thing pick up=把那个东西拿起来”，“把”是 put 的意思。

我们中国人学英语最头疼的就是，英语的定语从句要放在被修饰的词语后面，比如“没去过美国的人”得说成“people who haven't been to America”。有意思的是，英国人学汉语的感觉和我们一样，他们也抱怨为什么汉语的定语从句要放在被修饰的词语前面？针对上面的句子，他们说：

“The confusing part is that the ‘haven't been to America’ part comes in the beginning, followed by ‘de’ then ‘people’ So in a sentence like：你为什么相信没去过美国的人？（Why is it that you believe people who haven't been to America？）It can be kind of difficult to grasp at first（I know I had trouble with it）.”

汉语的状语都是在中心语之前，而英语的状语很多在中心语后面，于是他们这样用汉语问：“我们开始上课十月吗？”

前面提到，汉语没有词形变化，所以他们认为汉语语法简单，很高兴！可是高兴得太早了，事情还有不好的一面，那就是分析句子时不方便：

“解析中文的句子结构不容易：没有词形变化、没有冠词、没有语法标记，区分名词、动词、形容词都很困难。对我来说，中文长句子通常很难理解，而英文的句子即使长达三四行也有清晰的语法结构，很容易理解。”

六、汉语的词汇难

在词汇方面，汉语的多义词、同音词以及相关的反义词也令老外头疼不已。

“打”是口语中常见的词，人们常说“打架”“打人”“别打了”。老外想，“打”不就是 hit 嘛，so easy！结果他马上发现不是这么简单，“make a call”叫“hit a call”(打电话)。好奇怪！为什么要敲打电话？电话没惹我们哪！还没完呢，“type words”叫“hit words”(打字)，“get some water”叫“hit water”(打)。此外，还有“打瞌睡”“打报告”“打鼾”“打车”“打表”“打气”“打雷”，这里面“打”的意思都不一样啊。

有些词既有很实在的意义，又有很虚很模糊的意义。实在的意义老外很容易掌握，虚义就不那么容易体会、理解和识别了。比如“住”，老师告知“住”就是 live，reside 的意思。可是没多久学生又遇到了“抓住、堵住、逮住、站住、拉住”，显然这里的“住”不是 live，然后老师又说是“停止”的意思。但是“站不住”的“住”好像又不是停止的意思，直接打脸啊！接下来，又遇到了“记住、围住、挺住”，这些“住”也不是“停止”的意思呀，是什么呢？一时也说不清楚。有个美国学生，干脆自己把“记住”理解为“living in my mind(住在了我心里)”。很奇特的想法！中国人从来不会这么想，但好像也有点道理！

汉语的多义词难为人就算了，母语的多义词也来凑热闹。经常出现的难题是，母语的同一单词在中文里对应不同的汉字和词。比如英语的 cut，汉语对应的词有“剪头发”“砍柴”“打断”“删减”等。

汉语数量超多的同音字和同音词简直就是老外们的噩梦！有老外吐槽：一个 dao，就有“到、导、刀、道、倒、岛、盗、稻、捣、蹈”这么多汉字啊！know，instruct，until，direct，听上去是一模一样，都是 zhidao 啊！（分别是“知道、指导、直到、指导”）

有个电视节目曾经出了这样一道所谓的“中文听力六级测试题”：

A：先生，请问你要几等座？

B：你们一共有几等？

A：特等、一等、二等，二等还要再等等。

B：我看一下，请等一等。

A：别等，再等，一等也没有了。

B：那不等了，就这个吧！

请问这位先生最终购买了几等座呢！

节目现场的几位外国朋友大部分直接崩溃，听不懂啊！这道题的“等”是两个同音的词，一个是 rank，kind 的意思，一个表示 wait，两个意义毫无关系。

多义词的不同意义对应不同的反义词，可是有时老外用的反义词令人啼笑皆非。有一次，为了启发留学生用“了”的否定式“没”，我引导她：“现在春天花开了，刚过去的冬天花怎么样？”我本来期待她说“花没开”，结果我听到的是“花关了”，当时笑岔气了。原来，她自作聪明地用了“开”的反义词“关”，然而就算是反义词，中文里也是用“花开”对“花谢”。更不用说，“开心”的意思并不是把心打开，“关心”也不是把心关起来。

还有些同一语义场词语的搭配在他们看来也是奇奇怪怪的。“穿衣服，穿鞋”都可以，可是“穿帽子”不行，非得说“戴帽子”。他们会想：为什么呢？不都是 put on 吗？

以上我们总结了老外眼中的中文是什么样以及他们学汉语的难处，这使得我们能够从另一个角度来认识汉语，重新理解一些我们习以为常、习焉不察的汉语现象。

第四章　现代汉字的应用

第一节　汉字形体和表意特点的应用

汉字的应用当然有很多方面，比如传统汉字文化、字体设计、汉字的信息处理等。不过这些方面的书和资料汗牛充栋，我们主要关注一些汉字在传播领域的应用现象。

汉字的造字法一般来讲有象形、指事、会意和形声四种。象形接近于画图，根据事物的形象画成其字，例如“山、火、水”字就是依照群山、火苗和河流的形象创造出来的。指事是在象形字上加一个指示符号表示相关的意义，如“木”下部加一短横，形成“本”字，表示树根。会意是用两个或多个象形字的形体和意义合成一个新字。比如“人”“木”合在一起构成了“休”字，表示一个人靠在树旁休息。又如“人”“言”构成了“信”字，表示一个人说话算数。形声是用一个表示意义的象形字和一个表示声音的象形字造出一个新字，表示意义的叫形旁，表示声音的叫声旁。形声字很多，因此这种造字法中国人最熟悉。此外，还有一种用字之法叫假借，找一个现成的同音字来表示某个没有字的词，为这个词造字。表示斤两的“jīn”没有字，但它与表斧子的“斤”同音，于是就表斧子的“斤”同时表示斤两的“jīn”。四种造字法造就了汉字结构复杂和能够表意的特点。

会意的方法其实并不是很严谨，有时略显随意，意义含混。拿“休”字来说，人站在树旁一定就是休息吗？说不定是准备砍树呢。又如“信”字，“人”“言”一起一定表示说话算数？也可以表示说话不算数。所以，会意字的两个部件合起来也有表示其他意义的可能，这可以叫做会意多义性。

会意和形声都是合体字。假如一个人文化水平不高，就有可能把形声字按照会意的方法来理解，“柏”有可能被理解为白色的树。抛开正误不论，这说明形声字有多种理解的可能，也具有多义性。

会意和形声的这种多义性，如果人们有意识的灵活运用，依据会意字和形声字的形体临时做出一种不同于传统意义的新解释，就形成了一种有趣的修辞手法。如果对会意字和形声字的正确理解叫正解汉字的话，那么这种理解这种手法就可以叫别解汉字。别解汉字可以分为会意别解和形体别解。这两种别解常常被用来创作一些机智、幽默的话语。

会意别解是今天的人们利用汉字表意的特点和会意造字的思路，从今天的字义出发来临时解释某个会意字和形声字等合体字的意义，以达到自己的表达意图。这种解释并不同于古人造字之初的意义，很多场合可以说是牵强附会，但是显得使用者很机智。比如，著名武打电影明星李连杰有一次接受记者采访时说：

“武”字拆开来看是“止”“戈”，“戈”是“干戈”的“戈”，就是说武术其实是一种制止暴力的手段。

李连杰把这儿的“止”理解为制止的意思。实际上，“止”是象形字，最初表示脚趾，后来假借为其他的意义，于是表示脚趾意义时就加了个足字旁，形成了今天的“趾”。所以“武”字中的“止”表示脚趾，借指一个人，“戈”是武器，表示人拿着武器去征伐别人。李连杰是根据“止”“戈”今天的意义来会意，尽管不合造字之初的情况，但是巧妙地阐释了中华武术的武德。

电视节目主持人也会利用会意别解来丰富自己的主持词。2015年湖南卫视招商会上，有个环节是《天天向上》《快乐大本营》这两个王牌节目的主持人团队到台上说两句。汪涵就带着“天天兄弟”上台，先说了几句客套话，然后说：

“招”字我们都会写，一个提手旁，加上一个“刀”，下面一个“口”，就是说我们是提着一口刀来的。为什么要提着一口刀来呢？因为这一年通过我们每个人的努力把湖南卫视这块蛋糕越做越大，越做越美，所以我们提着刀把蛋糕切成一块一块，放在大家面前跟大家一块来分这块蛋糕。

汪涵把“招”字拆成“手”“刀”“口”，会手拿一口刀切蛋糕之意。这番话构思巧妙，令人耳目一新，却又切合当时与广告商交流的具体语境，表达出“分享”的意思。但是，“招”的本义以及后来的意义都与“拿刀切东西”无关。“招”并不是会意字，而是形声字。说文：“招，手呼也。从手，召声。”所以，“招”的本义是打手势呼叫别人，“召”不过是声旁，不能拆成“刀”“口”。后来发展出招惹义、武术动作义(“一招一式”)、承认罪行义等，就是没有“提刀切”的意思。就连“召”本身也是形声字，形旁是口，声旁是刀，表示召唤之意。因此，整个字的意义没“刀”什么事，“口”也不是量词。汪涵在这儿把一个形声字当会意字来理解，临时赋予它“拿刀切东西”，显然属于会意别解。

又如，2007 年国际大专中文辩论赛决赛现场的地板上喷有一个大大的“辩”字，央视主持人张泽群、刘芳菲在主持中就灵活地拿这个“辩”字做起了文章：

张泽群：你看我们这个辩论赛的标志，也非常突出，黑白分明，代表着我们的追求是真理越辩越明，

刘芳菲：左右两个“辛”，中间一个“言”。

张泽群：是啊！

刘芳菲：左边这个“辛”代表什么呢？

张泽群：应该是我们的观点非常地犀利，我们的辩驳也非常地辛辣。

刘芳菲：那右边这个“辛”呢？我们可以把他理解为：我们的辩友从五湖四海赶来，非常地辛苦！

张泽群：是，相当不容易。

——2007 年国际大专中文辩论赛决赛主持词

“辯”字是由“言”和“辡”构成，是个会意字。“辡”本身也是会意字，里面的“辛”最初表示有罪，“辡”就是指两个罪人相互争论，辨别是非。后来大概人们觉得争辩的意义不够显豁，就在中间加个了“言”，成为“辯”字。可见，这里的“辛”最初既不是辛苦，也不是辛辣。但是，两位主持人临时拆字会意，暗合现场情境，取得了很好的现场效果，显示了出他们的机智灵活。这种方法不失为主持小妙招之一。

其实，这种会意别解也是情景剧幽默搞笑的一种语言手段。《武林外传》第一集郭芙蓉和佟掌柜在屋顶聊天，佟掌柜让小郭仔细想一想大侠的含义。下面是她们的对话：

佟掌柜：在你心目中大侠应该是什么样子的？

郭芙蓉：就像我爹年轻时那样子了。纵横江湖、行侠仗义。

佟掌柜：行侠仗义每个人都想，但不是每个人都能做得到的，

郭芙蓉：你觉得侠应该是什么样？

佟掌柜：把“侠”字拆开来，应该是一个“人”、一个“夹”。这说明什么呀？

郭芙蓉：夹着尾巴做人。

佟掌柜：这个“夹”应该是夹道欢迎。

郭芙蓉：什么意思啊？

佟掌柜：一个人啊，只要心存善念，多为别人着想，自然会受到夹道欢迎嘛！

——《武林外传》第一集台词

两人一个把“侠”会意为夹着尾巴做人，一个会意为夹道欢迎一个人，都不是“侠”本来的意义和结构。众所周知，“侠”是形声字，同声旁的字还有“峡”“狭”。“侠”的本义是放任轻财、见义勇为。因此，这种别解就显得新奇可笑，以至于“夹着尾巴做人”的台词一直在网上疯传。

形体别解并不改变字的意义，而是一些左右结构或左中右结构的字，因其几个部件写得太散，被认成两个字或三个字。比如："胖"被认成"月""半"。有的相声就故意利用这种形体别解制造可笑的语言包袱，例如：

靳鹤岚：在座的都是行家，所以得给您卖力气演出。
朱鹤松：哎！
靳鹤岚：克克克克业业地给您表演。
朱鹤松：您等会儿，这说话怎么还结巴呀？
靳鹤岚：没有结巴呀！
朱鹤松：什么克克克克业业，这不是结巴呀？
靳鹤岚：成语！
朱鹤松：这是成语？
靳鹤岚：认真负责卖力气，克克克克业业。
朱鹤松：那叫兢兢业业，还克克克克业业。

——靳鹤岚、朱鹤松相声《学外语》

"兢兢"被别解为"克克克克"，让人忍俊不禁，令人意外，又在情理之中。

总之，汉字的复杂结构和表意特点带来了独特的汉语语言运用现象，了解了汉字的复杂结构和表意特点也有助于相声演员、主持人等语言工作者创新地运用汉语。

第二节 汉语繁简字的正确使用

某主持人曾经给著名台球选手潘晓婷题词，写的是"玖球天後"。无独有偶，更有甚者，某闻名书法家将装裱好的写有"影後"二字的大幅"书法作品"在公开播映的节目中现场送给影星归亚蕾。"玖球天後""影後"用简体字写是"九球天后""影后"，不需多高水平的文化就能写对。但是，两位名人都想显得高雅一点、有文化一点，于是选择用繁体字书写，结果适得其反，因为他们用错了繁体字。“九”没有对应的繁体字，“玖”是数字“九”的汉字大写形式，一般只用于账簿记账。“影后”的“后”本表示皇后，后来引申为表示地位尊贵的女性，从古至今都是用“后”这个形体，并没有对应的繁体字。只有表示背面方位的“后”有繁体字，即“後”。也就是说，简体字“后”在繁体字系统中有两个对应的字——“後”和“后”，使用繁体字表示皇后意义的“后”时，不能写作表示背面方位的“後”。

不得不说，搞清繁简字的来历和对应关系对文化人来说还是很重要的，否则一不小心就出错。下面我们就来说说其中的奥秘。

汉字产生以来，民间有一直有许多简体字存在。在一些非正式场合，群众喜欢写略加简化、笔画较少的字用来代替正式的字。道理很简单：简便实用。这也反映出，繁体字笔画多、难写难学，不利于人们大面积、短时间学习，尽管它造字理据清晰、容易辨认。到了20世纪初至30年代，陆费逵、钱玄同、刘复等人一直主张全社会使用简体字，但遭到一部分文化人士极力反对。民间的实践和知识分子的倡导，为全面、正式地推进简化汉字行动提供了很好的基础和社会氛围。中华人民共和国成立以后，为迅速提高人民的文化水平，繁体字转为简体字的研究和推广就成了政府主导下的文字改革运动的一部分。从1951年至1959年，文字改革委员会先后发布和推行了四批简体字。1964年发布了《简化字总表》，共简化2200多个繁体字，简化后的汉字笔画大大减少，由繁体字的平均每字15.6画降低到了平均每个字10.3画，效果显著。1977年，文字改革委员会又发布了《第二次汉字简化方案(草案)》，但是这个方案中一些字简化得过于简单，社会各界褒贬意见不统一，使用混乱，后来停止使用。如：

餐—歺　停—仃　泰—太　街—亍　蛋—旦

盒—合　帮—邦　舞—午　萧—肖　副—付

1986年重新公布《简化字总表》并作个别调整，简化字总数为2235个。简化的方式主要有以下几种。

(1)改换偏旁，如：

笔—筆 态—態 剧—劇 帮—幫 础—礎 这—這

(2)保留特征，即删去繁体字中的部分结构部件，保留具有区别性特征的部分。用这种办法简化的字称为特征字。如：

声—聲 飞—飛 亏—虧 宝—寶 币—幣 处—處

击—擊 开—開 习—習 与—與 报—報 医—醫

(3)草书楷化，即把这些字的草书字体加以楷化，如：

专—專 长—長 书—書 乐—樂 尧—堯

学—學 乌—烏 拣—揀 东—東 为—為

(4)采用古字，即采用古代用过的字，如“礼”见于说文所引“古文”，今作为“禮”的简化字，其他如：

云—雲 从—從 气—氣 尔—爾 电—電

(5)同音代替或合并，即在意义不混淆的条件下，用形体简单的同音字代替繁体字。这实际上就是传统“六书”中的“假借”法。如用“皇后”的“后”来代替同音的“前後”的“後”，用“出入”的“出”来代替同音的“一齣戏”的“齣”，用“山谷”的“谷”来代替同音的“稻穀”的“穀”等，用表示北面窗子的“向”来代替“方嚮”的“嚮”。

(6)另造新字，有的是新造形声字，如：

袄—襖 补—補 毙—斃 衬—襯 迟—遲

担—擔 灯—燈 淀—澱 肤—膚 护—護

有的是新造会意字，如：

尘—塵 蚕—蠶 茧—繭 帘—簾 灭—滅

众—眾 体—體 国—國 阴—陰 阳 陽

(7)简化偏旁，简化声旁的如：

意→乙：亿、忆、艺

戔→戋：钱、笺、贱、溅、盏

简化形旁的如：

貝→贝：货、责、则、财、贷

金→钅：银、铜、铁、锡、铅、铝

言→讠：说、谁、谈、论、讨、议、谨

今天中国大陆人们经常用错的繁体字，大多是简化时使用同音替代方式简化的字。同音替代是把完全不相干的字合并为一个，造成一个简化字对应多个繁体字，在使用时常常混淆。除了本书开头说的“后”字外，比如最近郭德纲的德云社家谱就用错了好几个字。家谱是用繁体字排印的，但“令人发指”写成了“令人發指”。“令人发指”的意思是使人头发都竖起来了，形容使人极度愤怒。显然，这里的“发”应该是头发的意思，念 fà，而表示头发的繁体字为“髮”，这个“髮”还引申为草木的意思，《庄子·逍遥游》说：“穷发之北有冥海者，天池也”。“發”念 fā，表示发射、出发、发芽、启发等意义，跟“头发”毫无关系，但是也简化成了“发”字。下面我们介绍一些使用繁体字时易错的字。①

丑醜　“醜”的意思是样子难看，简化为“丑”。而“丑”是地支的第二位，另一个意思是戏曲的喜剧角色或反面角色。

斗鬥　“斗”念“dǒu”，古代指酒器，它还是旧时的容积单位，十升为一斗，又指星，如“北斗”。“鬥”念“dòu”，意思是斗争，比赛等，简化为“斗”。

范範　“范”是姓，也是地名，如河南范县。“範”指模型、模范、法则，另有“範”姓(不同于“范”姓)，简化为“范”。

号號　“号”念“háo”，指大声哭。“號”有两读，念“háo”时意思是呼叫，动物鸣叫，念“hào”时指号令、号码、记号、小号等，简化为“号”。

几幾　“几”念“jī”，指放物品的小桌子，如“茶几”。“幾”有两读，念“jī”时见于“幾率”“幾乎”等，念“jǐ”时指询问数目的代词，如“幾十”“幾班”，简化为“几”。

姜薑　“姜”主要用于姓氏。“薑”专指辛辣的调味蔬菜生薑，简化为“姜”。

据據　“据”念“jū”，主要见于“拮据”。“據”念“jù”，较常用，用于“根據”“凭據”“佔據”“據說”等，简化为“据”。

面麵　“面”指脸，引申为与脸有关的事物，如“面具”，还指

---

① 参见胡双宝．汉字史话[M]．北京：首都师范大学出版社，2008：122-136.

与脸相关的方向，如“面前、上面”“当面、面对”；还指物体的表面，如“路面”“桌面”“水面”。“麵”指麦子磨成的粉，还有个意义相同的异体字“麪”；后来泛指粉状物，如“玉米麪”“胡椒麪”；还指面粉制成的食品，如“挂麪”“汤麪”；简化为“面”。

曲麯 “曲”有两种读音，念“qǔ”时指音乐中的歌曲乐曲，如“戏曲”“元曲”，念“qū”时指弯，与“直”相对，主要见于“弯曲”“曲折”“曲解”。“麯”念“qū”，专指酒曲，有个异体字“麴”，简化为“曲”。

松鬆 “松”是松科植物的泛称，与“柏”常常并称。“鬆”指头发乱的样子；后来指疏松、松散，如“鬆紧”，又引申为心理不紧张，如“轻鬆”，还见于表示动作的“鬆开”，“肉鬆”的“鬆”也是它，简化为“松”。

咸鹹 “咸”本指普遍的，后用做副词，意思是“都”。“鹹”指吃盐时的味道，与“淡”相对，今天简化为“咸”。

筑築 “筑”本读念“zhú”，古代的击弦乐器，似筝。“築”念“zhù”，指建造、修建，简化为“筑”。民间有一种建造土墙的方式叫“版築”，就是用木板两边相夹做成中空的模子，填入泥土，然后用一根粗木棒夯实。

云雲 “云”可用于云彩，但是还有“说”的意思，如“子曰诗云”，此外还常常做代词和助词。“雲”专指空中的云彩，在“云集”中表示多，在“云车”中表示高，简化为“云”。有人认为，天上的云本来就写作“云”，后来加了个雨字头，成了形声字“雲”，现在又简化成“云”。果真如此，是转了一圈又回到了文字之初。

术術 “术”念“zhú”，指多年生草本植物，如“白术”“仓术”。“術”念“shù”，指技艺，技术，学术，如“武術”“医術”；又指方法、策略，如“权術”“战術”，简化为“术”。

冲衝 “冲”本来写作“沖”，念 chōng，意义跟水有关，比如“沖洗”“沖击”，引申为用水灌注来调制喝的东西，如“沖茶”“沖鸡蛋”。很多山区的地名也用这个字，表示平地，如“韶山沖”。“衝”指大路，如“要衝”，又引申为突击、碰撞，如“衝锋”“衝撞”，简化为“冲”。

里裏　“里”指人居住的地方，引申为邻居、家乡，如“乡里”“邻里”“故里”。又是长度单位。“裏”本指衣服的内层，今天还说“衣服裏子”，后来进一步发展为跟“外”相对的方位，如“屋里”“箱子里”，简化为“里”。

余餘　“余”是文言第一人称“我”的意思。“餘”指剩下的，如“餘粮”“年年有餘”，简化为“余”。

历歷曆　“歷”用于历史、经历等，如“歷程”“简歷”“歷届”等。“曆”与年月日有关，指推算年月日和季节的方法以及记录年月日和季节的书、表等，如“农曆”“日曆”。“歷”和“曆”都简化为“历”。

淀澱　“淀”是事物，指水不太深的湖泊，多用于地名，如“白洋淀”“海淀”。“澱”是动作，指浑水中的固体物沉到水底，如“沉澱”“澱粉”，简化为“淀”。

当前，在电脑上输入汉字时 Word 等文字处理软件提供了繁简转换功能，然后这种功能并不完善。因为软件不能判断出每一个字具体的语境，也就不能时时正确地转换成相应的繁体字。因而，如果不清楚繁简字的对应关系，不能使用软件一转了事，可以查查《简化字繁体字对照字典》①或者《汉语大字典》②，否则贻笑大方。

---

① 江蓝生，陆尊梧编著．简化字繁体字对照字典[M]．上海：汉语大词典出版社，1998.

② 汉语大字典编辑委员会编纂．汉语大字典(第 2 版)[M]．武汉：湖北长江出版集团，2010.

第五章　现代汉语信息技术的应用

近二十年来，随着飞速发展的信息技术与汉语研究的融合，现代汉语语音识别和合成、机器翻译、汉字识别和语音输入、汉语理论研究与教学等方面取得了大量突破性的成果。谷歌和百度翻译由于采用深度神经网络翻译技术，准确率最近大大提高。安徽科大讯飞公司的语音输入技术已经相当成熟，加快了人们在电脑上输入文本的速度；该公司的语音合成技术已经广泛运用到导航仪等各种产品中。汉语研究与教学方面，借助大规模语料库，我们在汉语词汇、语法研究上，对外汉语词典编撰和教材编写上，都产生了让人惊异的大量的高质量的成果。这些成果在专业领域论述颇多。下面我们关注传统汉语信息技术研究之外的应用，主要包括语料库对新闻写作的辅助作用，虚拟现实技术在汉语语音教学的作用。

第一节　大规模现代汉语语料库的写作辅助应用

新闻写作是当前最活跃最持久的写作活动之一，每天都有大量的新闻报道文字作品问世。但是，这些作品时不时被发现存在各种语言表述错误，比如词语搭配不当、使用生造词、把语素当作词使用等。中华全国新闻工作者协会主办的中国新闻奖是经中央批准常设的全国优秀新闻作品最高奖，每年评选一次。然而近几年，即使参与争夺这个最高奖项的新闻作品也存在这些错误。

事实上，这些语言错误借助语料库完全可以避免。语料库是“为语言研究和应用而收集的，在计算机中存储的语言材料，由自然出现的书面语或者口语的样本汇集而成，用来代表特定的语言或语言变体。”①通俗地说，语料库收集了大量的汉语篇章、例句。依靠语料库的检索功能和统计手段，我们可以从这些大规模真实的例句中归纳出句子结构、词语用法等语言文字使用规范，可以以定量数据验证我们个人的语感是否准确。著名自然语言处理专家冯志伟曾经说过：“语言知识究竟在哪里？语言知识固然存在于语法书里，存在于各种类型的词典里，存在于汗牛充栋的语言学论文里，但是更加全面的，更加客观的语言知识应当存在于大规模的真实文本语料库里，语料库是语言知识最可靠的来源。”②目前，词语搭配研究是语料库语言学研究活动中最为活跃的研究领域，处于中心位置③。

常见的语料库有：北京大学中国语言学研究中心语料库(CCL)④、北京语言大学语料库中心(BCC)⑤和国家语委现代汉语语料库⑥。

CCL 语料库及其检索系统为纯学术非盈利性质，其现代汉语语料库，包括报刊、文学作品、应用文和翻译作品等类型语料，总字符数为581 794 456。

BCC 汉语语料库，总字数约 150 亿字，包括：报刊(20 亿)、文学(30 亿)、微博(30 亿)、科技(30 亿)、综合(10 亿)和古汉语(20 亿)等多领域语料，是可以全面反映当今社会语言生活的大规

---

① 语言学名词审定委员会．语言学名词[M]．北京：商务印书馆，2011：165，184.

② 摘自冯志伟先生 2017 年 7 月 4 日在第三届汉语中介语口语语料库国际会议上的致辞。

③ 卫乃兴．基于语料库与语料库驱动的词语搭配研究[J]．当代语言学，2002(2)：101-114.

郭曙纶．汉语语料库应用教程[M]．上海：上海交通大学出版社，2013：70-75.

④ http://ccl.pku.edu.cn:8080/ccl_corpus/index.jsp? dir = xiandai[EB/OL].

⑤ http：//bcc.blcu.edu.cn/[EB/OL].

⑥ http：//www.aihanyu.org/cncorpus/CnCindex.aspx[EB/OL].

模语料库。①

国家语委现代汉语语料库是一个大规模的平衡语料库，语料选材类别广泛，时间跨度大。在线提供检索的语料经过分词和词性标注，可以进行按词检索和分词类的检索。全库约为1亿字符，其中1997年以前的语料约7000万字符，均为手工录入印刷版语料；1997之后的语料约为3000万字符，手工录入和取自电子文本各半。

利用语料库进行语言研究和教学，在语言学界早已不是新鲜事。但是语言学界之外的人们对此就不是很熟悉了，因此我们想为新闻界介绍新闻写作中如何利用语料库。正因为大规模语料库能够提供现代汉语的语言知识，因此当记者在写稿时遇到语言问题时，就可以检索语料库来寻找、确定规范的语言文字用法。

一、快速寻找可搭配词语和鉴别词语用法

记者写稿时，不知道某个词与哪些词能够搭配，或者不确定某个词与另一个词是否能够搭配，这时就可以以某个词作为关键词在语料库来检索，然后根据检索出来的大量例句来快速归纳、鉴别能够与之搭配的词语。

2017年中国新闻奖综合类新闻名专栏参评作品《以法治阳光穿透雷洋案疑云》里面有这样一段话，如下：

> 为什么可以秉持这样的信心？这不仅是因为，唯有法治的阳光，才能穿透公众对“雷洋之死”事件的种种疑云；沿着法治的轨道，公众才能结成理解、认同事件真相的“公约数”。——《以法治阳光穿透雷洋案疑云》(《浙江日报》2016.6.2)

在这短短的一段话中出现了三次词语搭配不当的情况，分别是

① 荀恩东，饶高琦，肖晓悦，臧娇娇．大数据背景下BCC语料库的研制[J]．语料库语言学，2016(1)．

“秉持”与“信心”搭配不当，“穿透”与“疑云”搭配不当，“结成与“公约数”搭配不当。

“秉持”能跟哪些名词搭配？“信心”又能跟哪些动词搭配？借助语料库我们可以获得这些词的规范搭配用法。

以“秉持”作为关键词在北大现代汉语语料库检索，得到 130 多个例句。其中的一部分如图 5-1 所示。

...有鲜明的道德诉求’所	秉持	的是超越特定社会规范的最终价值，“他们努力...
...义不依不了义呢，就是	秉持	那些已经被生活、被历史证明了的真理，懂得辨...
...闻，坚守客观真实性，	秉持	中间立场，争取中间读者，树立起华人媒体的正...
...有了。人间佛教必然是	秉持	着佛陀的本怀来化导社会，给予众生信心、欢喜...
...。比如，对办刊理念的	秉持	，对社会责任的担当，对人文精神的呵护，对多...
...速消费品市场，它们所	秉持	的轰炸式广告营销理念以及对产品功能的任意扩...
...质询，要求国民党当局	秉持	人道主义和人权原则，解除有关返乡探亲限制。...
...淘宝网自诞生之日起就	秉持	在心的一种经营与服务理念。与eBay易趣相...
...布势，力小势大。正是	秉持	着这样的信条，淘宝网从无到有，从弱到强，上...
...面，也非负面思维，而	秉持	实际的想法。你也这样想吗?你会这样告诉自己...
...们将经营理念确定为“	秉持	创新传统，传播中华美德”。
...们将经营理念确定为“	秉持	创新传统，传播中华美德”，我们力图通过这一...
...尾人人喊“打”，一个	秉持	正统直销理念的直销企业往往也被误解为“老鼠...
...两岸经济交流与合作，	秉持	汪辜会谈关于应加强两岸经济交流、互补互利的...
...土完整，希望台湾当局	秉持	“一个中国”的原则，从中华民族的根本利益出...
...但在若干重要问题上仍	秉持	僵化保守立场，许多现在就可以做的事情被人为...
...民族的根本利益出发，	秉持	一个中国的原则，进一步消除各种人为障碍，促...
只要双方	秉持	诚意，加强对话，认真协商，求同存异，就一定...
...屈的精神和情操，唯有	秉持	英雄主义的情怀，中华民族在国际大舞台上立于...
...“一个中国”的原则，	秉持	祖国统一大志，为两岸关系的发展和祖国和平统...

图 5-1　CCL 语料库“秉持”部分例句

其中一部分例子如下：

(1)所[秉持]的是超越特定社会规范的最终**价值**

(2)就是[秉持]那些已经被生活、被历史证明了的**真理**，懂得辨别真伪

(3)就是把新闻回归为新闻，坚守客观真实性，[秉持]中间**立场**

(4)对办刊**理念**的[秉持]，对社会责任的担当

(5)它们所[秉持]的轰炸式广告营销**理念**

(6)要求国民党当局[秉持]人道主义和人权**原则**，解除有关返乡探亲限制

(7)这也是淘宝网自诞生之日起就[秉持]在心的一种经营

与服务**理念**

(8)正是[秉持]着这样的信条，淘宝网从无到有，从弱到强，上演了一出好戏有人会保持既不正面，也非负面思维，而[秉持]实际的**想法**

(9)我们将经营理念确定为“[秉持]创新**传统**，传播中华美德”

(10)一个[秉持]正统直销**理念**的直销企业往往也被误解为“老鼠”

(11)为促进海峡两岸经济交流与合作，[秉持]汪辜会谈关于应加强两岸经济交流、互补互利的**精神**

(12)希望台湾当局[秉持]“一个中国”的**原则**

(13)近年来在两岸关系上采取了一些积极的措施，但在若干重要问题上仍[秉持]僵化保守**立场**

(14)[秉持]一个中国的**原则**，进一步消除各种人为障碍，促成两岸政治接触谈判

归纳这些例子后可以发现，“秉持”后面能搭配的词主要有：

原则　理念　立场　精神　信念　准则　价值

态度　理想　良心　诚意　想法　信条　真理

没有发现与“信心”搭配的例句。

粗略统计了下，搭配频率比较高的如表5-1。

表5-1　　**“秉持”搭配词语频率表**

词语	理念	原则	立场	精神	准则	信念	价值	想法	诚意	态度	理想	良心
次数	20	14	11	11	4	4	4	4	4	3	2	2

综上所述，“秉持”常常与“理念”“原则”“立场”“精神”“准则”“信念”“价值观”“想法”“诚意”等词语搭配，不跟“信心”搭配。

再来看能跟“信心”搭配的动词，以“信心”在 CCL 中检索，归纳例句得到如下与之搭配的动词：

增强　充满　(具)有　树立　重拾　坚定
保证　振奋　提高　获得　维持　萌生　满怀
丧失　失去　缺乏　动摇　打击　影响　破坏　恢复

然后以“秉持 $ 20 信心”来检索①，结果为零，说明未见“秉持”与“信心”搭配使用。通过这些信息可知，“秉持”不与“信心”搭配使用，要表达这个意义可以用“树立”“具有”“维持”等动词。

再来看能跟“疑云”搭配的动词。以“疑云”作为关键词在 CCL 语料库检索，得到 180 多个的例句。其中的一部分如图 5-2 所示。

本报今天这篇报道，相信可以扫除人们心头的	疑云	。
实际上，肯尼迪遇刺案至今所以	疑云	难消，根子就在美国官方...
...的硬道理，再一次驱散笼罩在“快”字头上的	疑云	。
...那蠡胞的心脏。病人得救了，众多蠡胞心中的	疑云	也渐渐散去。科学击退了...
...及邻近几个村的乡亲们。调查结果，使我心头	疑云	顿消。乡亲们纷纷反映说...
...《陶晶孙选集》出版，从而拂去他身上的层层	疑云	污垢，又有多少人会想起...
...法亭放了一挂长长的鞭炮，炮声响过，人们的	疑云	也随之散去。
...份汇报材料上看到这样一行数字时，心里布满	疑云	。是汇报材料数字弄错了...
...两天马不停蹄的实地调查了解，李鸿滨心中的	疑云	消除了。在返回县城的路...
...厂吗？！待到步入永鼎的电缆车间之时，记者	疑云	顿消：一流水平的引进设...
胸中难免生	疑云	；
中东	疑云	与美国隐忧
...年来美国主导的中东和平进程陷入前景未卜的	疑云	之中，原本相当复杂的中...
克里斯托弗的这次中东之行将在这种	疑云	密布的情势下进行。在以...
...此时，邓小平同志南方谈话破除了人们心头的	疑云	，他们用“三个有利于”...
...，也常常因怕遭误解而退躲三舍，社会上空的	疑云	可谓浓矣！
...一小时发给记者们的双方队员上场名单也充满	疑云	。主力罗纳尔多的名字出...
...……一对年轻夫妇的故事吹散了我心头的团团	疑云	。

图 5-2　CCL 语料库“疑云”部分例句

其中一部例子如下：

(1)张群不负蒋介石所望，很快**扫去**了布在蒋介石心头的［疑云］。

① 这个表达式的意思是查出同时含有“秉持”和“信心”的句子，并且“秉持”在先，“信心”在后出现，间隔 20 字以内。

(2)但是，这一演说显然未能**澄清**[疑云]，依然有人在指责蒋孝武揽权固位，暗中建立未来继承体系。

(3)请诸方大德，各抒己见，热烈讨论一下，得出个正确结论，**扫清**[疑云]，以正视听，而免后学步入歧途。

(4)尽管如此，不少人仍然**拂**不**去**心中的[疑云]：中国人是否有能力建成这一世界第一大水电站？

(5)沉思的过程，也是他们不断自我否定直至**解开**[疑云]的过程。

(6)1992年年初邓小平同志发表南方谈话，犹如强劲的东风**吹散**了[疑云]，体改界、理论界明确地提出理顺产权关系、改革产权制度的问题。

(7)本报今天这篇报道，相信可以**扫除**人们心头的[疑云]。

(8)在张家港，发展的硬道理，再一次**驱散**笼罩在"快"字头上的[疑云]。

(9)如果不是现在的《陶晶孙选集》出版，从而**拂去**他身上的层层[疑云]污垢，又有多少人会想起他、理解他呢？

(10)正当此时，邓小平同志南方谈话**破除**了人们心头的[疑云]。

(11)一对年轻夫妇的故事**吹散**了我心头的团团[疑云]。

(12)沉默是金，但并不能**拨开**人们心头的[疑云]。

(13)当斯大林看到周恩来同志发来的这份珍贵的电报后，立即**驱散**了[疑云]。

(14)夏日的晨风吹拂着人们的衣襟，却怎么也**吹**不**散**人们脸上忐忑不安的[疑云]。

(15)中国足坛如何才能**扫除**"假球黑哨"[疑云]，创造一个健康、公平的竞赛环境呢？

(16)到锦屏之后，亲眼见到这一切，把一切[疑云]都**消除**了。

(17)却一下子**拨开**了我近日阅读两本园林艺术专著时盘桓不散的连片[疑云]。

通过这些例子可以发现，“疑云”前面能搭配的词主要有：

消除 扫除 扫去 拂去 扫清 澄清
吹散 驱散 解开 拨开

没有发现“疑云”与“穿透”搭配的例句。

粗略统计了下，搭配频率比较高的如表 5-2 所示：

表 5-2 “疑云”搭配词语频率表

词语	消除	扫除	扫去	拂去	扫清	澄清	吹散	驱散	解开	拨开
次数	3	2	1	1	1	1	4	7	1	2

综上所述，“疑云”常常与“消除”“扫除”“扫去”“拂去”“扫清”“吹散”“驱散”“拨开”等词语搭配，不跟“穿透”搭配。

同样，在语料库中以“公约数”关键词搜索，发现它经常与“寻求”搭配，没有发现“结成”搭配的例子。

综上所述，新闻原稿可以改为：

为什么可以树立这样的信心？这不仅是因为，唯有法治的劲风，才能吹散公众对“雷洋之死”事件的种种疑云；唯有沿着法治的轨道，公众才能寻求到理解、认同事件真相的“公约数”。——《以法治劲风吹散雷洋案疑云》

《北京日报》报送的评奖作品《简政放权重在形成新的“条件反射”》中也有用词不当的情况：

我们改革开放 30 多年接续探索的过程，也是逐步转变政府职能、更新治理方式的过程。——《简政放权重在形成新的“条件反射”》(《北京日报》2016. 11. 25)

这句话中的“接续”是修饰动词“探索”的，但是这样的用法在CCL语料库的例句中并没有，CCL显示的用法是，“接续”是句子的谓语动词，后面常常跟一个名词宾语。所以，此处应该用“连续”才合适。

当然实际写作过程中检索后，并不需要仔细统计，只需多看几个页面的检索结果，就能大致得出词语的搭配情况和用法。

二、快速鉴别生造词

记者写稿和审稿时，不确定某个词是否存在，是否是生造的新词，这时就可以这个词作为关键词在语料库来检索，看看能否检索出相关的句子。

《北京日报》长安观察专栏的新闻作品《更应传承的是大师们的家国情怀》中有这么一句话：

> 在层出的“论文涉嫌抄袭被撤”的负面报道中，在“职级晋升与课题、经费挂钩”的学术评价中，科学巨擘所秉持的精神之光已被侵染。

这句话中的“层出”使用不当。以“层出的”为关键词，在CCL语料库检出2例，在BCC语料库中检出4例；以“层出的”为关键词，在CCL语料库检出242例，在BCC语料库中检出795例。这个对比充分说明“层出不穷”是规范用法，“层出”为生造词。

又如，《北京日报》长安观察专栏的新闻作品《简政放权重在形成新的“条件反射”》中有这么一句话：

> 这几年，从中央到地方，剑指权力路障动真格，逐步营造透明、便利、公平的市场环境，对新动能成长、就业扩大、结构升级的支撑作用日显重要。——《简政放权重在形成新的“条件反射”》(《北京日报》2016. 11. 25)

这句话中的“日显”使用不当。“日显”在这儿与“日益”功能相同。以“日显”为关键词，在CCL语料库检出221例，在BCC语料库中检出387例；以“日益”为关键词，在CCL语料库检出24 086例，在BCC语料库中检出53 721例。这个对比充分说明在状语位置上“日益”是规范用法，“日显”为生造词。

当然，当“日显”做谓语，或者带名词宾语时，它的用法就和“日益”不一样了，不能用“日益”替换，这时就不能认为是生造词，而是有其独特表达意义的价值。例如：

随着减排的深入，我省公共财政日显“环保情结”。

为了客户广泛的认同，民生银行的“服务牌”越打越响，品牌效应优势日显。

第二节　虚拟现实技术在汉语语音教学中的应用

一、虚拟现实技术的情境创设优势

虚拟现实(Virtual Reality，VR)是利用计算机模拟产生一个三维空间的虚拟世界，提供使用者关于视觉、听觉、触觉等感官的模拟，可以直接观察、操作、触摸、检测周围环境及事物的内在变化，并能与之发生“交互”作用，使人和计算机很好的融为一体，给人一种身临其境的感觉，可以实时没有限制地观察三维空间内的事物①。

虚拟现实技术有三个特征：沉浸性、交互性和想象性。沉浸性指逼真身临其境的感觉。使用者带上头盔显示器等输入设备后进入到虚拟环境中，感觉十分逼真，跟置身现实世界一样。交互性指用户与虚拟环境的信息交换，用户在虚拟环境可以进行某些操作活动，虚拟环境会做出相应的响应，跟真实世界的反应一样，比如可

① 黄海．虚拟现实技术[M]．北京：北京邮电大学出版社，2014：1.

以用手直接“操纵”虚拟物体，并且得到触觉反馈和力量反馈。想象性指虚拟现实技术可以拓展人类的想象空间，任意构想不存在的或者未来的环境①。

按照沉浸程度和用户规模，虚拟现实技术主要包括四种类型：桌面虚拟现实系统、完全沉浸虚拟现实系统、增强现实系统和分布式虚拟现实系统。桌面虚拟现实系统是用电脑屏幕呈现三维虚拟环境，通过三维鼠标、手柄、数据手套等进行交互，增加身临其境的感觉。使用者可能因受到现实环境的干扰而导致沉浸程度较低，但由于成本相对较低，应用广泛。完全沉浸虚拟现实系统提供一个虚拟的感觉空间，使用者需要佩戴头盔式显示器等设备隔离现实空间进入这个虚拟空间，同时利用头部、身体的追踪装置、数据手套、声音设备等产生完全沉浸其中的感觉。但是完全沉浸虚拟现实系统的设备一般比较昂贵。增强虚拟现实系统通过头盔式显示器，将计算机虚拟头像叠加在现实世界之上，它用于增强或补充人眼所看到的东西为操作员提供与他所看到的现实环境有关的存储在计算机中的信息，从而增强操作员对真实世界的感受。分布式虚拟现实系统将虚拟环境运行在通过网络连接在一起的多台计算机或工作站上，位于不同物理位置的多个用户，通过网络对同一虚拟世界进行观察和操作，共享同一个虚拟环境和时钟，达到协同工作的目的。②

虚拟现实的沉浸性、交互性特点与教学理论中的情境化学习、体验式学习的思想不谋而合，在教育领域有很大的应用潜力。其优势在于能够创设各种学科知识和实践技能的虚拟情境，适用于建筑、物理、医学、生物、语言等专业课程，实现情境学习，有利于激发学习动机，有利于学生更好地理解课程内容，进行深入观察和分析。目前，虚拟现实技术已经初步在医学、体育、物理、旅游、

---

① 黄海．虚拟现实技术[M]．北京：北京邮电大学出版社，2014：4-7；刘德建，刘晓琳，张琰，陆奥帆，黄荣怀．虚拟现实技术教育应用的潜力、进展与挑战[J]．开放教育研究，2016(4)：25-31.

② 黄海．虚拟现实技术[M]．北京：北京邮电大学出版社，2014：16-24.

语言等教育教学领域的实验、实训环节展开应用。美国 zSpace 公司是一家为虚拟现实教育提供解决方案的典型公司。zSpace 学习系统由一台单独电脑和虚拟现实显示器组成，并配备有触控笔，帮助学生操纵虚拟 3D 物体，加强学习体验。目前该公司已经与国内的北京汇文中学展开了合作，北京汇文中学教师开始探索将虚拟现实技术应用于高中物理课程讲授。

二、虚拟现实技术提升语音教学效率

目前，对外汉语教学的发展在国内外如火如荼。对外汉语教学和中国学生学习英语一样，都属于第二语言教学，而第二语言教学的关键点是语言情景的创设。早有学者指出，在对外汉语教学和英语口语教学中，可以通过虚拟现实技术营造虚拟的目的语社会的语言交际具体情境①，但是这个想法目前还只是个概念，并不能实现。因为这种任务只有使用完全沉浸虚拟现实系统才能实现，而这种系统目前因为昂贵的价格距离实用还有很长的路。另一方面，利用虚拟技术创设语言情景并不是当前语言教学必须解决的难题，因为电影、电视以及到目的语社会实地学习等方法都能达到营造语言环境的目的。

倒是对外汉语教学中的语音教学，急需利用虚拟现实技术来解决教学难题。

相比汉语词汇、汉语语法的学习和教学，汉语语音的学习和教学是最大的难点。难在哪里？

一是中国教师自己都不知道有些元音和辅音、声母和韵母究竟是怎么在口腔鼻腔中发出来的。教师为什么不知道？因为国内的教材有问题。一方面，国内现行各种现代汉语教材在讲解元音和辅音、声母和韵母时，有些地方粗疏模糊，甚至不正确。大部分高校

---

① 郑艳群．虚拟现实技术和语言教学环境[J]．世界汉语教学，1999(2)：4-7；

陈梅芬．虚拟现实技术在高校外语教学模式改革中的应用[J]．北京化工大学学报(社会科学版)，2016(4)：99-103.

使用的黄伯荣、廖序东主编的《现代汉语》教材上，单个辅音没有给出发音示意图，韵母部分的复元音韵母和鼻辅音韵母也没有发音示意图。该教材在讲到 an、en、in、ün 的发音时说："先发元音，紧接着软腭逐渐降下来，增加鼻音色彩，舌尖往上齿龈移动，最后抵住上齿龈发 n，整个韵母发音完毕才除阻"①，而这几个音的实际发音过程中舌尖并不必须抵住上齿龈。发 an、en 舌尖可抵住上齿龈，也可接近上齿龈；发 in 时舌尖则完全不接触上齿龈。另一方面，汉语拼音方案，因为是为母语是汉语的中国人设计的，所以其拼写很多地方是不准确的，不符合实际发音。例如，ün 实际发音等于 ü+en，iong 的实际发音等于 ü+eng，ong 的发音其实和 ueng 一样，zhong 等于 zhueng，等等。教师在学了这样的教材后，其实并没有搞清单个声母、韵母究竟怎么发出来的。自己都没搞清，自然教不好学生发音。

二是发音过程中舌头在口腔中如何运动，舌头的哪个部位在动，运动的起点和终点在哪儿，声带状态是什么样等内容没法直接观察到，靠师生去揣摩，有时甚至是猜测。事实上，有些发音部位相近的音会有细微的差别，但是师生都没法跑到口腔内部去观察清楚舌头究竟是怎么运动的。在这种情况下，留学生根本不知道舌头如何运动，教学效果自然很差，因而显得语音难学。

三是教学方法不直观。目前语音教学常用的方法有教具演示，展示发音部位图，手势模拟，直观演示等。② 这些方法的本意是演示发音部分和发音方法，但是对于发音部位处于口腔内部靠后的音，或者依靠舌头后部运动发出的音，其实都做不到直观，比如 u、o、e、j、q、x、g、k、h，ng。只对 a、i、ü 那些从嘴巴外部就能观察的音有效。

---

① 黄伯荣廖，序东主编．现代汉语上册(增订 5 版)[M]．北京高等教育出版社，2011：53.

② 刘珣主编．对外汉语教育学引论[M]．北京语言大学出版社，2000：359；

周小兵，李海鸥主编．对外汉语教学入门[M]．中山大学出版社，2004：148-151.

综上所述，由于发音时口腔内部的舌头运动状态、过程和轨迹，在口腔外难以被肉眼直接观察到，汉语教师和留学生都没有清楚了解发音时舌头如何细微地运动，导致教学效率低下。

这一难题，虚拟现实技术有望解决。一方面，虚拟现实技术能够构建一个逼真直观的三维虚拟口腔和舌头，使得学生打破空间的限制，进入口腔内部进行观察发音过程。另一方面，这个问题依靠桌面虚拟现实系统就可以解决，设备要求不高、价格、费用不贵，具有很大的可行性。

首先应该建立虚拟发音环境，包括鼻腔、口腔、舌头和吞腔，技术允许的话最好包括声带和喉头，具体方法可以参考口腔医学三维模型的建立①。然后采集真人朗读每一个汉语声母和韵母时的口腔空间变化数据、舌头运动轨迹数据和声音的物理数据，将其整合到虚拟发音环境中，形成虚拟发音过程。

语音虚拟学习系统建成后，学习者可以操纵触控笔，观察虚拟3D发音过程，或者带上头盔显示器，化身为缩小版的“孙悟空”，在虚拟的口腔中任意穿行，观察审视每一个元音、辅音、声母、韵母发音时舌头、小舌、声带的运动状态，细致入微地了解每一个音素的发音部位、发音方法和发音过程，比较两个相似音的在发音部位和发音方法上的细微差别。这样原来不能呈现的发音器官及其内部结构以及它的相关信息数据完全呈现出来，突破了语音教学在空间上的限制，可以从多部位多视角观察重复再现发音过程，具有灵活高效经济的特点。同时，三维的展现形式，亲身的体验，使学生印象深刻，增加学生学习兴趣。

这样的语音虚拟学习系统不但可以用于留学生语音学习的发音、辨音操练，还可以用于培训汉语教师，有助于汉语教师语音理论知识的学习和验证，一定会大大提高对外汉语语音教学以及其他第二语言语音教学的效果。

---

① 石巧，侯建霞．虚拟现实技术在口腔诊疗操作培训中的应用[J]．国际口腔医学杂志，2015(1)：69-74.

参考文献

[1]昝飞，刘春玲．儿童语音发展的研究方法、对象及规律[J]．中国特殊教育，2000(3)：14-16，19.

[2]司玉英．普通话儿童语音习得的个案研究[J]．当代语言学，2006(1)：1-16，93.

[3]龚勤．早期儿童语音习得的若干特点探析[J]．黄石理工学院学报，2011(5)：48-52.

[4]刘赵．儿童语音习得的顺序及其简化现象分析[J]．吉林省教育学院学报，2012(12)：102-104.

[5]张肖艺．网络合音新词语探析[D]．青岛大学，2016.

[6]孙红举．论汉语合音现象的研究[J]．西南大学学报(社会科学版)，2014(1)：115-124，175.

[7]周有光．汉字改革概论[M]．北京：中央编译出版社，2013.

[8]谭慧颖．《西儒耳目资》源流辨析[M]．北京：外语教学与研究出版社，2008.

[9]宋均芬．简评汉字注音的前世今生[J]．汉字文化，2013(5)：7-21.

[10]周树云．中国人名汉语拼音字母拼写法与威妥玛氏拼写法的对应关系[J]．重庆师院学报(哲学社会科学版)，1985(3)：89-91.

[11]周光，陈孝英．喜剧小品入门66问[M]．北京：中国戏剧出版社，2010.

[12]宗福常，王菊泉．"Dragon"是不是"龙"？[J]．外语研究，1996(1)：45-47.

[13]赵培远，武灵．"龙"的文化内涵兼及英语的dragon[J]．汉字文化，2003(4)：51-54.

[14]黄佶．关于“龙”的英译名修改问题[J]．社会科学，2006(11)：161-169.
[15]包虹明．英汉动物词语的翻译与文化内涵[J]．广西社会科学，2002(6)：160-161.
[16]张宗久．英汉文化动物词语的内涵差异对比分析[J]．郑州大学学报(哲学社会科学版)，2007(5)：156-159.
[17]卡依沙尔·艾合买提．汉、维动物词语文化内涵差异探源[J]．中央民族大学学报(哲学社会科学版)，2008(6)：95-99.
[18]陈大为．从语言学角度分析讯问言语及预设的运用[J]．湖南公安高等专科学校学报，2010(3)：35-37.
[19]何兆熊．新编语用学概要[M]．上海：上海外语教育出版社，2000.
[20]Fromkin Rodman V, Robert, et al. An Introduction to Language [M]. Holt, Rinehart, and Winston, 2013.
[21]胡双宝．汉字史话[M]．北京：首都师范大学出版社，2008.
[22]江蓝生，陆尊梧．简化字繁体字对照字典[M]．上海：汉语大词典出版社，1998.
[23]汉语大字典编辑委员会编纂．汉语大字典[M]．2版. 武汉：湖北长江出版集团，2010.
[24]曹逢甫著. 主题在汉语中的功能研究　迈向语段分析的第一步[M]．谢天蔚，译．北京：语文出版社，1995.
[25]曹逢甫著. 汉语的句子与子句结构[M]．王静，译. 北京：北京语言大学出版社，2005.
[26]徐赳赳．现代汉语篇章语言学[M]．北京：商务印书馆，2010.
[27]徐赳赳．现代汉语篇章回指研究[M]．北京：中国社会科学出版社，2003.
[28]屈承熹著. 汉语篇章语法[M]．潘文国，等译．北京：北京语言大学出版社，2006.
[29]荀恩东，饶高琦，肖晓悦，臧娇娇．大数据背景下 BCC 语料库的研制[J]．语料库语言学，2016(1).

[30]梁茂成，李文中，许家金著．语料库应用教程[M]．北京：外语教学与研究出版社，2010.
[31]郭曙纶．汉语语料库应用教程[M]．上海：上海交通大学出版社，2013.
[32]语言学名词审定委员会．语言学名词[M]．北京：商务印书馆，2011.
[33]卫乃兴．基于语料库与语料库驱动的词语搭配研究[J]．当代语言学，2002(2)：101-114.
[34]黄伯荣，廖序东主编．现代汉语上册(增订5版)[M]．北京高等教育出版社，2011：53.
[35]刘珣主编．对外汉语教育学引论[M]．北京语言大学出版社，2000：359.
[36]周小兵、李海鸥主编．对外汉语教学入门[M]．中山大学出版社，2004：148-151.
[37]刘园．VR技术在教育领域的研究与应用[J]．电脑知识与技术，2016(16)：207-208.
[38]卫乃兴．专业性搭配初探——语料库语言学方法[J]．解放军外国语学院学报，2001(4)：19-23.
[39]黄海．虚拟现实技术[M]．北京：北京邮电大学出版社，2014.
[40]刘德建，刘晓琳，张琰，陆奥帆，黄荣怀．虚拟现实技术教育应用的潜力、进展与挑战[J]．开放教育研究，2016(4)：25-31.
[41]高媛，刘德建，黄真真，黄荣怀．虚拟现实技术促进学习的核心要素及其挑战[J]．电化教育研究，2016(10)：77-87，103.
[42]郑艳群．虚拟现实技术和语言教学环境[J]．世界汉语教学，1999(2)：4-7.
[43]陈梅芬．虚拟现实技术在高校外语教学模式改革中的应用[J]．北京化工大学学报(社会科学版)，2016(4)：99-103.
[44]石巧，侯建霞．虚拟现实技术在口腔诊疗操作培训中的应用[J]．国际口腔医学杂志，2015(1)：69-74.